art of travel series 03

푸드스타일리스트
龍의
트래블그라피
food stylist yong's
travelgraphy

익숙한 것을
낯선 곳에서 만나는
우연

푸드 스타일리스트 龍의 트래블그라피를 위하여

그의 여행은 언제나 말랑말랑하다. 의미도 방법도 반죽하기에 따라 늘 바뀐다. 단순히 장소를 이동하고 새로운 무언가를 눈으로 보는 것 이상이기 때문이다. 어떤 날은 지친 일상의 도피처를 찾아서, 또 어떤 날은 신세계 발견이라는 지상 과제를 안고, 또 다른 날은 아무도 모르는 곳에서 익명성을 만끽하기 위해 그는 여행을 떠난다. 한번은 눈앞 가득 펼쳐진 찬란한 서해를 물끄러미 바라보다가 문득 자신이 몹시 지쳤으며 그래서 이렇게 포근한 바다로 여행을 시작했음을 뒤늦게 깨달은 적도 있다. 물론 요리나 삶, 또는 사랑에 대한 막연한 영감을 기대하고 무작정 비행기표를 끊던 무모한 날의 기억도 무수하단다. 그래서 "여행이란 무엇인가?" 하는 짧은 질문에 그가 선뜻 대답을 꺼내지 않으려는지도 모르겠다. 각각의 여행은 저마다 이유와 의미가 있기 때문에 '여행' 앞에서는 어김없이 복잡해지고 마는 자신을 발견하게 되는 것이다.

여행의 정의를 내리는 데는 쩔쩔매면서, 떠나는 데는 그만큼 간단명료한 사람이 또 있을까. 그는, 적어도 아직까지는, "떠날 짬이 없다"거나 "가고는 싶지만 형편이 되지 않는다"는 변명을 믿지 않는다. 그의 여행은 항상 '떠나야겠다'는 생각과 거의 동시에 이루어진다. 대단한 행동가라서? 절대 그렇지 않다. 오히려 꼼꼼히 계획하고 철저히 준비하는 '거창한' 여행을 버렸기에 가능할 것이다. 떠나고 싶을 때 떠나고 싶은 곳을 찾아가는 것, 그것이 전부다. 사실 떠나려 마음을 먹는 순간, 설령 스스로는 깨닫지 못할지라도, 누구에게나 일상은 이미 뒷전이 되어 있는 것이다.

food @ travel

가끔 그의 무모한 여행에 불만을 토로하는(여행에 동행한 적이 있다면 더더욱!) 지인들도 있다. 옳다, 간단한 지도 한 장 챙기지 않은 바람에 결국 목적지에 도착하지 못하거나, 인사말조차 알지 못하는 낯선 나라에서 방황할 때면 그 역시 저절로 한숨을 내쉬고 있으니까.

하지만, 그에게는 '떠남' 자체에 더 큰 의미가 있기에, 무계획에 따르는 약간의(?) 고생 정도는 얼마든지 달콤하게 받아들일 준비를 함께 하는 것이다. 낯선 곳에서는 조금 느슨해진 눈으로 세상을 바라볼 필요도 있고, 꽉 짜인 여행에서는 맛보기 힘든 기묘한 우연의 산물이 무궁무진하다는 것도 이유일 거다. 생각지도 못했던 곳에서 전혀 새로운 영감을 얻거나 기대 이상의 경험을 할 때야말로 여행의 짜릿함은 자연스럽게 배가하는 것이다.

재미있게도 이런 '무작정 여행'을 거듭하면 할수록 새로운 곳을 바라보는 자신만의 시각은 더욱 탄탄해진다. 예전에는 두렵다는 이유로 또는 낯설어서 그냥 지나치고 말았을 많은 것들을 이제는 놓치지 않을 줄 안다. 그뿐만이 아니다. 굳이 멀리 떠나지 않고도 여행의 설렘이나 짜릿함을 고스란히 느낄 수 있는 가공할 만한 재주도 얻는다. 이 재주를 익히고 나면 때로 질식할 듯 덮쳐 오는 도시에서조차 낯선 귀퉁이를 용케 발견해 멀리 떠나 온 듯 코끝이 가벼워지고 기분이 상쾌해진다. 처음에는 일상을 벗어나러 시작했는데, 점점 여행과 일상의 구분이 모호해진다고나 할까.

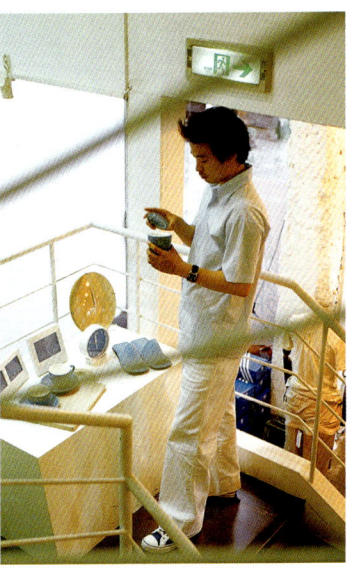

그의 요리, 그의 스타일링이 변하기 시작한 것도 이 때부터다. 스타일링을 시작한 이상, 처음부터 그저 배만 채우는 '끼니'는 절대로 만들지 않겠다고 굳게 결심하긴 했단다. 하지만, 아무리 노력해도 결국에는 좀 더 맛있는, 맛있어 보이는 한 그릇의 끼니 이상의 음식을 만들기가 그리 녹록지 않다는 뼈아픈 사실만 배우고 말았다. 음식은 우리가 아는 그 어떤 것보다도 더 일상적인 것이다. 싫든 좋든 끼니는 때워야 하는 것처럼. 아무리 예쁜 접시에 예쁘게 담아도 그 자체로 새로움을 찾기가 쉽지 않다. 그러기에는 너무 가까운 곳에 너무 많은 음식이 존재한다. 그는 때로 음식과 식탁조차 우리 배를 채워야 한다는 제 일상에 지치고 있는 게 아닐까 하는 상상을 시작했다. 그 때, 그는 여행의 기억들을 떠올렸다. 훌쩍 떠난 그 곳에서는 잠시나마 일상을 말끔히 잊을 수 있지 않았던가. 그리하여 요리를 길 위에 세우게 된 것이다. 늘 먹던 음식의 일상 탈출! 그것은 음식의 일상 탈출이자, 음식을 마주 대하는 우리 식탁의 일상 탈출이고, 매일 같이 서너 번 이상 가지는 식사 시간의 일상 탈출이며, 그야 말로 먹고 사는 데 얽힌 일상 그 자체의 탈출이다. 좁은 테이블 위가 아닌 대자연을 식탁 삼아 나뭇잎 접시 위에 커다란 꿈을

품은 신선한 요리를 차곡차곡 담아 보았다. 혹여 낯설지나 않을까 걱정도 많았지만, 신기하게도 각각의 요리마다 자연 속에 약속이나 한 듯 마냥 잘 어울리는 제자리가 있는 것이 아닌가. 살살 녹을 것만 같은 구름 아래에 솜사탕을 놓기도 하고 흐드러진 벚꽃으로 술을 담기도 하고, 비닐 우산 그늘에 달콤한 음료로 반가운 비를 대접하기도 한다. 그 때 풍경은 위대한 오감의 테이블이 되어 주고, 요리는 일상에서와 전혀 다른 빛을 띠고 신비로운 세계의 이야기를 보여 주었다. 그는 감사히 그것들을 발견해 나갔다.

그의 요리, 또는 스타일링에 간지러운 찬사를 늘어놓으려는 것은 아니다. 다만, 눈으로 봤을 때부터 무언가 색다른 감흥을 주고 싶었다는 그의 생각은 전한다. 그는 자신의 작품에서 식욕과 함께 '떠남'의 욕구까지 묻어났으면 하는 바람을 지녀 왔다. 늘 먹던 음식, 자주 보는 풍경이라 할지라도 둘이 하나가 되었을 때는 그 이질적인 결합 자체가 신선한 충격이 될 수 있다. 거창하게 말하면 그것이 현대 예술의 핵심 가운데 하나다. 일상적인 것들을 다른 자리에 놓아 보는 것, 용도에서 탈출시켜 보는 것, 그 '행위'를 할 때 우리는 스스로 뒤에 '예술'이라는 단어를 붙일 수 있는 것이다. 음식이 가까이 있는 것처럼 여행도 당신의 삶 어딘가에 가까이 있다. 생각해 보면 그리 어려운 일이 아니다. 가고 싶을 때 가고 싶은 곳을 향해 가는 것, 먹고 싶은 것을 찾아서 먹는 것. 다만, 지금까지와는 조금 다르게, 그렇게.

구태의연한 은유가 될지 모르지만, 그리 길지 않은 삶 자체가 여행이다. 그것도 그때그때 목적지가 바뀌는 여행 말이다. 푸드 스타일링이라는 목적지에 몰입하기 시작했을 때, 그는 이미 유일한 남자 스타일리스트가 돼 있었다. 이 직업 자체가 특별한 데다가 '남자 푸드 스타일리스트'라는 타이틀은 더더욱 특별한 이름이다. 프리미엄이 붙은 것치고는 한발 늦게 주목받은 것이겠지만, 그에게는 아직도 너무 이르게만 느껴진단다.

처음에는 도자기를 전공했고, 한참을 광고 디자인에 빠져 지냈다. 푸드 스타일리스트라는 직업이 존재하는지도 모르던 때다. '나를 나답게 하는 일에 일생을 걸고 싶다'라는 욕구가 목구멍까지 치받아 오르던 5년 전 어느 날, 그는 스타일링이라는 분야를 알게 됐다. 그 길로, 말 그대로 '숟가락 하나' 가지고 뛰어들었고, 차근차근 국내외에서 수업을 받았다. 매일의 실전을 살아 있는 배움 삼아 꾸준히 잡지와 방송에서 작품을 선보여 왔다. '이색공간'이라는 스타일링 스튜디오를 운영하며 대학에서 테이블 세팅과 푸드 스타일링을 강의하고 있다. 또 그만의 컨셉트를 오롯이 담아 낸 카페를 곧 연다. 그의 인생을 여행으로 치자면 도보 여행이다. 천천히, 제대로 땅을 꾹꾹 눌러 가며 길을 찾고 싶은 고집 센 여행자가 에둘러 가는 길….

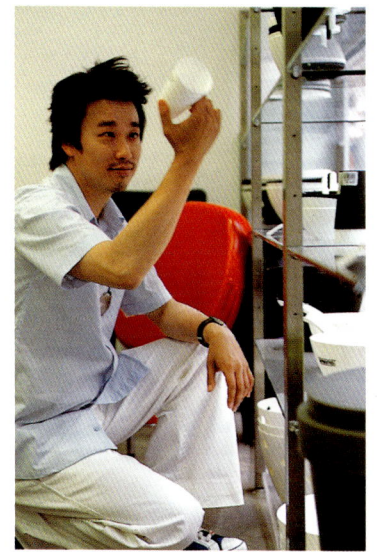

그가 여행에 천착한 진짜 이유는, 여행이 그의 인생에서 매일 다시 역할을 해 왔기 때문이다. 그는 이미 여행이라는, 요리나 광고보다 더 오래된 재료를 잘 요리하는 법을 터득해 왔다. 안면도의 노을 때문에 눈물도 흘려 보고, 밀라노 두오모 꼭대기에서 날아 보는 꿈도 꿀 정도라니까. 출장차 외국에 나갈 때에도 그는 맨몸으로 선뜻 나서곤 한다. 돌아올 때는 이름 모를 시장 좌부의 물건에서 명품 숍의 리미티드 에디션까지 수확해 몸과 마음이 뿌듯해져 있을 것이라 믿으면서 말이다. 오지로 떠날 때도 그다지 두렵지 않을 것이다. 낯설고 불편한 것이 얼마나 고마운지, 그는 이미 잘 알고 있으니까. 길에서 선보이는 그의 푸드 스타일링 작품에 굳이 주제를 정하자면 '일상 탈출' 정도가 될 것 같다. 말로 만들고 보니 딱딱하고 거창해졌지만, 사실은 '아, 이 요리는 조금 다르다'라는 정도의 느낌이라도 충분하다. 요리가 잡지나 테이블 같은 꽉 짜여진 프레임에서 벗어나 길 위로 갔다. '일탈'하고 싶은 우리의 마음을 대신 지고서 말이다. 이 책을 보는 사람이 솔직하고 유쾌하게 그저 '떠나고 싶다'와 '먹고 싶다'라는 두 가지 욕구에 충실하기를 바란다. 매일 똑같은 하루하루에 좀 다른 꿈을 꾸었으면 한다. 이것이 그가 오랫 동안 이 책을 준비하게 한 주제 '일탈'의 실체다.

이 '길에서 만나는 요리'를 위해 그의 팀은 지난 2004년 봄부터 가을까지 30여 차례의 여행을 다녀 왔다. 매 주 주말, 비가 오나 폭염이 쏟아지나 여행 가방을 챙긴 셈이다. 일상의 여행지 서울은 물론, 강원도 오지며 제주도 우도까지 이 땅을 두루 둘렀다. 고생이 눈에 선하다. 그는 포토그래퍼 조인기 씨와 푸드 스타일링 어시스트 남경헌 씨의 열정이 함께하지 않았다면 정말 고생일 뿐이었을 것이라고 감사해 한다. 그러나 그들의 여행은 즐거웠고, 그 결과물인 푸드 스타일링 작품이 추억으로 남았다. 그 때 그 곳에 있어야 할 요리가 제대로 자리를 찾은 것 같아 흐뭇하기만 하다.

벚꽃이 피면 벚꽃을 마시고,
파도가 일면 파티를 하고,
비가 오면 우울을 먹고,
구름이 지나가면 한 움큼 떼어다가 입에 넣는, 그런 여행이었다.

마지막으로, 그의 추신 : 조금 다른 생각과 방법이 될 스타일링에 많은 사람이 공감해 주고, 또 그 새로움에 작은 일탈의 기쁨을 경험해 줬으면 좋겠다. 더불어 이 여행의 끝을 새로운 시작으로 삼아 '용(龍)'이라는 새 이름을 사용하게 됐음을 알린다. 훨씬 간결하면서도 노실틱인 이름으로 다시 시작하게 될 새로운 여정에서 더 많은 친구와 인생의 재료를 만날 수 있게 되기를 바란다.

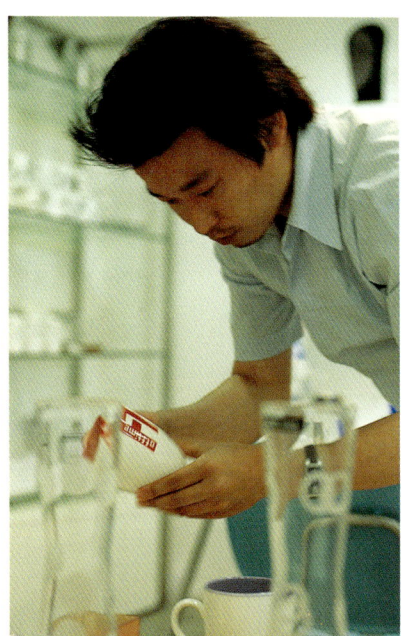

thanks to:
멀리서 늘 용기를 주시는 부모님, 호주에서 열심히 일하고 있는 착한 동생 진희, 너무 고생한 어시스트이 자 파트너인 경현, 듬직한 또 다른 파트너 재환, 사고뭉치 재간둥이 사진가 인기, 든든한 제자 종은, 미란, 성곤, 주미, 아마추어지만 멋진 사진가 완재, 장소 섭외에 큰 도움을 준 기수, 늘 신세진 강원도 강 여사님 내외분, 간간이 도움을 준 호진 씨, 아쉬움이 남는 미라, 묵묵히 도와 주신 얼스 프로젝트 earth project 진 계영 사장님, 이색적인 출판사 수류산방.증심의 3인방 박재성 소장님, 심세중 대표, 홍지영 기자, 내 마음 을 담아 좋은 글 써 준 이선재 씨, 멋진 디자인으로 이 프로젝트를 마무리해 준 김용한 팀장님 내외분 그리 고 마지막으로 하늘 나라로 간 금붕어 독종이에게 감사를 드립니다. 일일이 이름을 쓰지 못하지만 뒤에 서 응원해 준 친구들, 동료들 그리고 제자들에게도 감사의 말을 전하고 싶습니다.

table of contents

002-007

prologue 익숙한 것을 낯선 곳에서 만나는 우연
푸드 스타일리스트 龍의 트래블그라피를 위하여

012-047

spring fever

봄볕이 이렇게 찬란한 날! 가만히 앉아 있는 것은 있을 수 없는 일
- 01 여보게, 친구! 여행갈 때 뭘 가져 가지?
- 02 남의 추억도 정다우면 내 추억이지
- 03 철길 위의 올곧은 맛
- 04 배꽃을 위한 프러포즈
- 05 상춘에 절대로 술이 빠질 수 없는 이유
- 06 개나리는 어디 숨었다 다시 나타나는 것일까
- 07 플로라, 당신께 노란색을 바칠게요
- 08 못 생겨도 맛은 좋아
- 09 동그라미 그리려다 무심코 그린 얼굴
- 10 망중한(忙中閑)? 한중망(閑中忙)!
- 11 냄새 반, 눈요기 반
- 12 목련, 먹어 본 적 있나요

048-085

warmming up

늦은 봄이 이른 여름을 마중하는 길목
- 13 봄비 내리는 소리는 두근두근, 콩딱콩딱
- 14 숨은 구름 찾기
- 15 뜬다, 안 뜬다! 말 많은 접시 배의 부유(浮游) 논란
- 16 바로 이런 게 사상누각 케이크
- 17 일그러진 우리들의 햇살

18	폐허 속에도 온기는 남아 있다
19	파스타는 다음에, 이 다음에
20	살다 보면 커피가 필요한 순간이 있습니다
21	당신 마음의 넓이는 몇 평?
22	삼단 우산 대신 라테 한 잔
23	비 때문에, 아니 비 덕분에
24	플레이 더 스시, 플레이 더 피아노

086-089

theme story 1 * dishes

당신이 아끼는 그 그릇이 재료와 솜씨를 속일지라도 탓하거나 노여워 말아요

090-123

travel mind

여행이 뭐 별 건가요? 고개만 돌리면 여행이죠!

25	다른 물건은 다른 곳으로 안내해 준다
26	무지개를 맛보는 법, 그 1탄
27	무지개를 맛보는 법, 두 번째
28	국물이, 아니 강물이 끝내 줘요
29	잔치는 끝났다
30	씹기도 귀찮아
31	자작나무 숲에서의 점심 식사
32	언밸런스가 밸런스
33	때론 여행에도 휴식이 필요하다
34	포구에는 뭔가 특별한 것이 있다
35	그 무심함에 감사 드립니다
36	나이스 투 미트 마이셀프

124-127

theme story 2 *cutlery

끼니때마다 접하는 인류 최고의 실용 예술, 커트러리

128-149

rainy day

그 녀석의 이름은 여름
- 37 뜨거운 아이스크림 맛 좀 볼 테야?
- 38 풀숲에서 숨바꼭질
- 39 바다로 가는 길
- 40 하양과 빨강에 대한 오해와 진실
- 41 정오, 강렬하게 배가 고플 때
- 42 먹어도 되나, 참아야 하나?
- 43 버스 정거장에는 여름이 일찍 온다

150-153

theme story 3 *party

파티가 나를 원하게 하지 말고, 내가 파티를 원하게 하라

154-177

memories

예전에 한번 와 본 것 같은 기억
- 44 동전 있으면, 내놔 봐!
- 45 시간이 졸졸 떠내려갑니다
- 46 아마, 너와 나의 처음도 이랬을 거야
- 47 기념 사진
- 48 추억도 재생되나요?
- 49 오, 나의 여행 스케치
- 50 변화하는 것이 아름답다
- 51 네가 있어야 할 곳
- 52 거짓말 같은 아름다움
- 53 녹슨 것은 정다워

178-181

theme story 4 *colors

색깔 없는 음식이 어찌 맛깔 날 리 있으랴

182-199

innocent taste

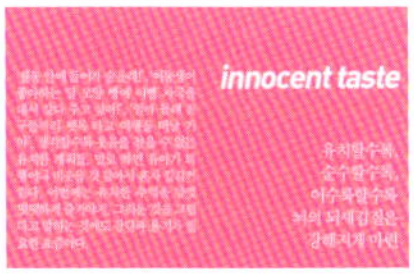

유치할수록, 순수할수록, 어수룩할수록 뇌의 되새김질은 강해지게 마련

- 54 그리움과 쓸쓸함의 잦은 오버랩
- 55 비가 오면 생각나는 그 사람
- 56 주관적인 아주 주관적인 상대성 이론
- 57 위화감을 위하여
- 58 바다야, 미안해
- 59 오늘의 할 일을 내일로 미루라
- 60 그림자 덕분입니다
- 61 회색을 피하는 방법

200-203

theme story 5 *shopping 돈과 시간이 없다 탓하지 마세요. 부족한 건, 남다른 감각뿐

204-224

beyond the falls

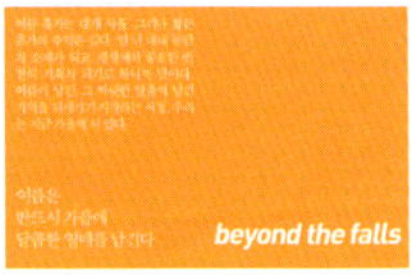

여름은 반드시 가을에 달콤한 열매를 남긴다

- 62 술병, 무제한
- 63 마지막 여행은 나와 함께
- 64 황제를 위하여
- 65 노을이야말로 베스트 셰프
- 66 없는 색은 없는 세상
- 67 파티 없는 오늘은 없다
- 68 절대 끝나지 않는 공연

225-238

the recipe **of my luncheon** 제 도시락, 같이 드실래요?

봄볕이
이렇게 찬란한 날!
가만히 앉아 있는 것은
있을 수 없는 일

spring fever

나약한 핑계지만, 이 장황한 이야기의 발단은 모두 '봄'이다. 의도나 계획보다는, 그저 몹쓸 스프링 피버 spring fever 탓으로 돌릴 수밖에. 우연처럼 마주친 어느 봄날의 기운이 어딘가로 이끌었던 것이다. 그 길 위에서 나는 멋진 테이블을 만나고 예기치 못한 음식을 차린다. 모든 떠남이 그렇듯, 동기는 소소하지만 여운은 꽤 근사하다.

바게트 햄 야채 샌드위치 ● 경기 전곡

여보게, 친구!
여행갈 때 뭘 가져 가지?

01

'일상의 나'가 '일탈의 나'를 위해 챙겨 주는 출발, 샌드위치. 역시 여행은 샌드위치로 시작된다. 랜덤한 바게트 사이에 일탈의 맛이 숨어 있는 법. 변덕스러운 마음에, 금세 돌아가고 싶어진대도 이 샌드위치를 맛보면 맘이 달라진다. 먹은 만큼 여행을 해야지, 암!

출발, 샌드위치, 길. 이 얼마나 중의적이고 상징적인 컨셉트란 말인가. '시작'을 이야기하기에 이보다 더 좋은 생각은 없을 것만 같았다. 그러나 역시 출발은 순탄치 않았다. 다니는 차도 드물다는 독일의 뻥 뚫린 아우토반을 머릿속에 그렸건만, 당연히 우리 나라엔 없었다. 상황과 타협(?)하고 딱 한 토막만큼의 정감 있는 도로를 찾아냈지만 쌩쌩 달리는 자동차에 유명을 달리할 뻔했다. 어휴, 늘 여행에는 위험이 도사린다니깐.

where 옛날 방식 그대로의 여행 경기도 연천군 전곡읍 전곡리 뚜렷한 관광 시설이나 강렬한 볼거리가 없어 오히려 다행스러운 곳이다. 단아하고, 정겨워서 단골 여행자가 많다는 이야기다. 한탄강 유원지 근처에는 순담 계곡, 고석정, 임꺽정 동굴, 구석기 유적지 등 아기자기한 볼거리가 많다. 떠들썩하게 떼로 다니는 여행 초보자들은 별로 좋아하지 않는 곳이다. 오토캠핑이나 래프팅을 즐기는 레저 마니아도 모이드는 곳이지만 동호회보다는 가족 단위가 많아 그야말로 '두런두런' 한 수줍은 여행자들의 아지트다. 1970년대부터 관광지로 소문난 곳이지만, 운치만은 여전하나. 자동차가 드물게 다니는 낡은 도로가 정답게 전곡 주위를 휘감고 있어 드라이브도, 산책도 행복할 따름이다. 풍경이 아름다운 동막골이나 수질과 시설이 좋은 신북 온천과 동선을 함께 엮어 여행하는 여행자가 늘고 있다. ● 의정부역에서 통일호 열차를 타고 전곡역까지 약 40분이면 도착하니 거리도 가깝다. 수유역이나 상봉 시외 버스터미널에서 버스를 이용할 수 있다. 자가용을 이용할 경우 의정부 쪽으로 가다가 소요산 방면 3번 국도를 이용하면 된다. 연천군청 문화관광과 031-839-2065 www.iyc21.net.

spring fever

015

강원 정선 별어곡역

food @ travel

 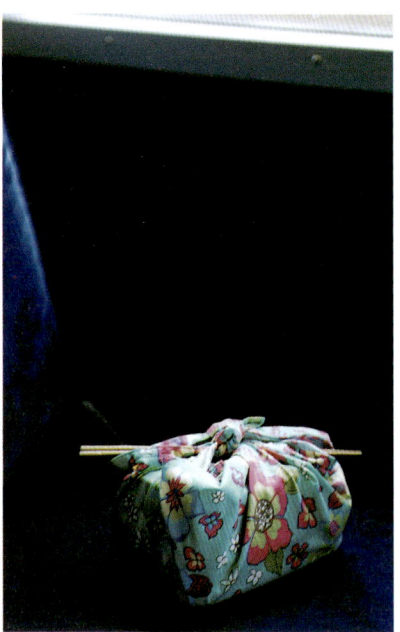 

남의 추억도 정다우면 내 추억이지

사전적 의미는 전혀 없지만, '소풍'에는 왠지 옛날 느낌이 묻어 있다. 게다가, 진짜 추억 속에는 없는 양은 도시락, 삶은 달걀, 사이다 등이 줄줄이 튀어나온다. 그러고 보면, 추억도 그리움도 다 학습의 결과인 것도 같은데…. 아니, 어쩌면 흑백 영화 속의 추억을 훔쳤을지도 모르지.

02

  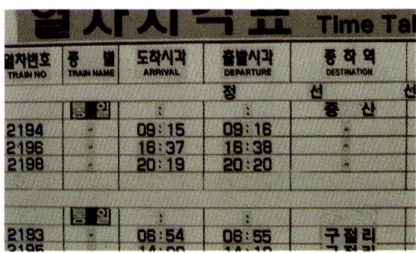

통일호, 양은 도시락, 옛날 우유병, 낡은 손수건, 못생긴 젓가락…. 이런 물건을 찾아 헤맸다고 하면, 어르신들께서는 웃으실지도 모르겠다. 하지만 시간이 흐르면 흔한 물건이야말로 귀한 추억뿐만 아니라 실제로 귀한 물건이 되는 듯도 싶다. 어렵사리 챙겨간 물건에, 딱 10분 동안 주어진 통일호에서의 촬영. 시간을 거슬러 떠나는 여행이라서 그랬는지 쉬운 만남이라곤 하나도 없었다. 고단한 여정이었지만 이 여행은 '별어곡역'이라는, 친구를 만나게 해 줬다.

where 추억은 살아 있다 강원도 정선군 별어곡역 꼬마 열차가 다니는 곳, 느릿느릿 그러나 꾸준히 높은 고개를 오르는 꼬부랑 할머니가 있는 풍경. 어느 곳에서 사진을 찍어도 1970년대에 촬영한 듯 녹슨 색깔이 나오는 여행지다. 높은 지역인 데다 구절양장 꺾어진 동네가 이 철도가 놓이기 전에는 오지였음을 말해 준다. '개도 일만 원짜리를 물고 다닌다'던 탄광 도시였을 때에는 쉴 새 없었던 바쁜 철로가 이제는 여름에도 차갑다. 정선선의 여러 간이역 가운데에서도 별어곡역은 특히 타는 사람과 내리는 사람이 없는 조용한 역이다. 조선 개국에 반대한 고려 선비들이 숨어 살았다는 별어곡이기에 더 외지고 슬픈 느낌이다. 그렇지만 '다행이다' 싶기도 하다. 호사가들의 소문만 타지 않는다면, 이 모습 그대로 우리를 반겨 줄 테니까. ● 청량리역에서 증산행 기차를 타거나 동서울 터미널에서 태백 경유 증산행 버스를 타고, 증산역에서 출발한다. 정선 꼬마 열차는 증산역에서 아우라지역까지 7개 역을 지나는 왕복 열차로 하루 3번 다닌다. 편도로 50분 정도 소요되고, 아우라지역에서 50분간 머물렀다가 증산역으로 돌아간다. 2, 7일로 끝나는 날에는 청량리역에서 8시 10분에 출발해 정선장을 구경하고 돌아 오는 노선도 있다. 자동차를 이용한다면 영동 고속도로를 타고 진부 읍내로 들어와 59번 국도를 이용한다. 정선군청 관광문화과 033-560-2361~2363 jeongseon.go.kr

바질 감자 치즈구이 ● 경기 신탄리

food @ travel

녹슨 철길, 거무튀튀한 침목, 멋 내지 않은 감자 요리,
두툼한 프라이팬.
투박하기 그지없지만 멋이 흐르는 철도를 보라!

철길 위의 올곧은 맛

03

이렇게 그리운 느낌을 주는 철로가 또 어디 있을까. 철길을 보자 서러움(?)이 확 달려들었고, 허기와 함께 퍽퍽한 감자가 먹고 싶어졌다. 프라이팬에 통마늘과 치즈 냄새가 물씬 풍기는 감자 구이. 모두들 '길에다 음식을 내려 놓을 셈이냐'며 난리지만, 감자가 있어야 할 곳은 딱 여기다 싶은 걸 어쩌리.
where 쇠잔한 느낌의 영화 촬영지 경기도 연천군 신서면 신탄리 들어는 봤지만 직접 가보지는 못한 곳의 대표격이다. '철마는 달리고 싶다'라는 푯말이 서 있는, 분단 이후 우리 나라 최북단 역이 바로 신탄리역이다. 서울역에서 88.9km, 북위 38도 13으로 의정부에서 기차로 1시간 20분이면 도착한다. 신탄리역에서 약 10km만 더 가면 휴전선이 가로막고 있다. 쇠잔하고 인적이 드문 때문인지 영화 촬영이나 사진 촬영지로 알려졌다. 등산 마니아라면 알고 있는 고대산이 근방에 있어 간간이 여행자를 만날 수 있다. ● 서울에서 3번 국도를 이용해 의정부, 동두천, 전곡, 신서를 지나면 신탄리다. 소요 시간은 3시간 정도. 의정부역에서 기차를 이용하면 1시간 20분 만에 도착할 수 있다. 수유리에서 전곡행 시외 버스를 이용해도 된다. 선곡 구 터미널에서 고문리행 시내 버스로 갈아탄다. 신탄리역 031-834-8887, 연천군청 문화관광과 031-839-2065 www.iyc21.net.

04

배꽃을 위한 프러포즈

화려한 건지 처연한 건지 모르겠다. 흩날리는 배나무 아래에서의 점심 시간. 바람이 좀 불어야 할 것 같고, 광목 치마를 해 입은 긴 머리의 처녀가 앉아 있을 것만 같다. 청초한 그 누구를 여행 도중 만날 수 있을까. 두리번, 두리번!

3월 말, 4월 초. 그러니까, 일 년의 청춘 시절에 배꽃이 핀다. 하얀 배꽃이 흐드러지면 이상하게도 깔끔하게 맛을 낸 파스타가 먹고 싶어진다. 해산물 육수로 맛을 내 깨끗한 소스에 올리브를 얹는다. 요리라기보다는 그저 자연의 한 부분인 양 보였으면 좋겠다. 금속성 커트러리는 도무지 어울릴 것 같지 않아 작은 가지에 몇 가닥 파스타를 얹었더니, 마치 배꽃이 느긋하게 점심 식사를 하는 모양이 됐다. 그래, 자연스럽다는 게 바로 이런 걸 거다.
where 오늘 저녁 만날 수 있는 지척의 운치 **경기도 남양주** 가깝지만 운치 있고, 상업적이지만 알고 보면 깊이가 있다. 남양주는 한강을 끼고 경기도의 중앙에 위치한 공기 좋고 물 맑은 여행지. 얼마 전까지만 해도 데이트 코스로 유명세를 떨쳤지만 요즘엔 천혜의 자연 환경과 감각 있는 건축물도 레쪼즈나 드라이브 스폿으로 각광받는다. 국도에서 조금만 벗어나면 한적한 산책로가 많다. 풍경 좋은 능내나 조용한 딕소를 중심으로 예술인들의 공동 작업실이 늘어서는 추세.
● 청량리역에서 기차를 이용하면 남양주 노착. 자가용을 이용할 경우 청량리역에서 망우 고개를 넘어 쭉 직진하다가 팔당댐을 지나면 남양주나. 강남에서 출발할 때는 올림픽 대로를 타고 미사리 조정 경기장을 지나 팔당대교를 건너 팔당댐을 지나면 도착한다. 남양주시청 031-590-2472 www.nyj.go.kr

spring fever   023

올리브 치즈 파스타 ● 경기 남양주 배나무 숲

05

상춘에 절대로 술이 빠질 수 없는 이유

보기만 해도 어질어질 취한다. 그 내음에 알코올이 묻어난다.
함빡 취해도 좋고, 그저 맛만 봐도 좋은 봄. 봄이 왔다.
그걸 전하는 건, 늘 한 잔의 술이다.

진해였다. 일년 내내 봄일 것 같은 진해에서도 진짜 봄날이었다. 꽃잎이 살살 떨어지기 시작할 때였는데, 꽃잎 숫자만큼이나 꽃구경 나선 사람도 많았다. 살구 주스, 소다수, 보드카에 몇 가지를 더해 오롯하게 한 잔의 칵테일을 만들어 진상할 수 있다는 것 자체가 기적이었다. 아무리 수선스럽던 여행도, 아무리 새살스럽던 봄도, 지나고 가면 이렇게 달콤하고 향긋한 칵테일의 맛으로 기억되기 마련.

where 꽃 필 즈음이면 생각나는 그 곳 경상남도 진해 우리 나라를 대표하는 항구 도시이자 전통의 관광 도시인 진해는 봄이면 벚꽃을 보려고 몰려드는 인파로 몸살을 앓는다. 그러나 진해를 찾는 단골 여행자라면 군항제와 벚꽃 구경이 한창일 4월은 피하는 게 상식이다. 벚꽃이 아니어도 아기자기한 드라이브 길과 산책로, 친절한 시민들과 맛깔스러운 경상도 음식이 가득한 여행지. 특히 해양 공원은 벚꽃이 피는 계절이 아니어도 바다와 땅이 함께 만들어 내는 분위기가 제법 멋있다. 꽃구경이 목적이라면 진해 여고나 안민 고개를 찾아가는 것이 좋다. ● 경부 고속 도로나 중부 고속 도로를 이용해 대구에서 구마 고속 도로로 갈아탄다. 서마산 IC에서 2번 국도로 갈아타면 진해로 진입할 수 있다. 진해시청 문화공보실 055-545-0101 www.jinhae.go.kr

피치 와인 칵테일 ● 경남 진해
spring fever

개나리는 어디 숨었다 다시 나타나는 것일까

여름부터 겨울까지 볼품없다. 볼품도 없지만 뵈지도 않더라.
잡목인지, 덤불인지도 모르고 산다.
그렇지만, 봄이 되면 일제히 살아나 외치는 노오란 합창.
생명력으로 가득한 그 무언가는 주로 노란색이다.

새 둥지나 병아리를 떠올려 줬으면 좋겠다. 덤불을 끄집어다가 '개나리 노란 꽃 그늘' 아래 앉힐 무렵에는 생명과 시작의 맛을 전하겠다는 의지로 불타오르고 있었다. 생각보다 아늑한 이미지가 만들어졌지만, 포근하고 보드라운 노란 빛깔을 마주 대하는 순간, '아, 이게 정말 봄이로구나.' 강렬하고도 따뜻한 그 맛을 만끽한다. 마치 봄처럼 또 생명처럼.

포치드 에그를 올린 브레드 ● 경남 진해
spring fever

플로라, 당신께 노란색을 바칠게요

07

삼원색 가운데 빨간색이 제일 화려한 것 같지만, 왕가의 상징은 역시 노란색이다. 은은하면서 기품 있고 또 끝없이 화려하다. 계절의 여왕이 봄인 것, 그리고 그녀에게 노란색이 어울리는 것은 당연지사. 아직 누릿누릿한 봄 들판에 노란색이 먼저 플로라를 맞이할 채비를 한다.

옐로 컬러 테이블 세팅 ● 서울 여의도

봄이라고는 하지만 무척 춥더라. 해가 잘 드는 곳에는 봄이 일찍 찾아오지만, 후미지고 그늘진 잡목 숲에는 아직 겨울 기운이 남았다. 테이블 세팅을 위해 노란색 치장을 하고 보니, 웬걸, 추위가 싹 가시는 기분! 봄은 피부가 아니라 눈으로 먼저 온다더라는 그걸 해마다 잊어버리는 이유는 뭘까.

spring fever

옥수수 빵 크림 케이크 ● 강화

못 생겨도 맛은 좋아

무너진다, 무너진다.
달콤함이 과한 생 크림 케이크.
크림을 듬뿍 사용할수록,
더 달콤하고 더 부드러워지고 또 그래서 더 잘 무너진다.
달콤함 혹은 단단함. 두 마음 중 하나는 양보를 해야 하는 걸까.

강화도는 '단단하고 투박한 촌 아낙이지만 저도 알고 보면 여리고 외로운 여자예요!' 라고 말하는 듯한 뉘앙스의 섬이다. 이번 여행은 그녀를 위한 생 크림 케이크. 일부러는 아니지만 소박하게 딸기를 얹고 또 크림을 얹고 보니 슬슬 무너져 내리기 시작했다. 강화도 같은 여자라면 그래도 '슥—' 커다란 숟가락으로 퍼 담아 맛있게 먹어 줄 것 같으니까, 그대로 찰칵.
where 사람과 바다, 그 사이를 잇는 큰 섬 **인천 강화군** 강화도는 우리 나라에서 다섯 번째 큰 섬이다. 수십 년 서울 사는 사람들의 마음의 안식처가 되어 주었다. 지금도 주말이면 몰리는 차량으로 큰 혼잡을 빚는 걸 보면 보문사, 전등사 등의 기품 있는 사찰과 석모도 등 작고 아름다운 섬으로 향하는 마음만은 어쩔 수 없나 보다. 위락 시설이 많이 들어서 운치를 해치기는 하지만 아직도 개발되지 않은 후미진 곳이 꽤 남아 있다. 역사, 드라이브, 낚시, 사찰 탐방 등 테마를 가지고 여러 번 들러도 그 때마다 색다른 재미를 만날 수 있을 것이다. ● 올림픽 대로 개화 IC에서 김포 방면 48번 국도로 강화읍까지 진입한다. 외곽 순환 도로를 이용할 경우엔 김포 IC에서 빠지면 된다. 막힐 땐 48번 국도를 타고 가다 누산리에서 양곡 방면으로 좌회전, 초지대교를 건너 진입할 수 있다. 강화군청 032-930-3621~4 www.ganghwa.incheon.kr

"자연을 그리고 싶다"라고 말하고 나니까 왠지 거창한 느낌이지?
풋풋하고 상큼한 봄은, 네게 보내는 맘은, 으리으리한 삼단 케이크가 아니라
작은 카나페에라야 제대로 담을 수 있다.
안타깝다.

09

동그라미 그리려다 무심코 그린 얼굴

작고 소박한 작품(!)이지만, 이젤이며 붓을 공수하는 데에만 적잖은 품이 들었다. 진짜 미대 작업실에서 빌려 싣고 달려온 것들이다. 그래서 맛도 빛깔도 하나하나 그리듯이 담아 냈다. 서해안 고속 도로를 달리다가 발견한 밀밭이 모자란 캔버스를 대신해 줬다.

캐비아를 올린 생크림 타르트 ● 서해안 밀밭

10

망중한(忙中閑)?
한중망(閑中忙)!

강태공이 보기엔 느긋해 보여도,
고기를 낚을 때는 다 나름대로 바쁜 법이다.
시간의 속도가 다르니까,
한량 놀음이라 탓할 게 못 된다.

민물 훈제 생선 구이 ● 경기 포천

냄새 반, 눈요기 반

이내 죽었다. 그을음 피워 가며 굽기는 했는데, 냄새로는 월척 감이다.
뼈를 발라내고 먹어야 할지,
뼈째 먹어야 할지 한참을 고민하는데 물고기가 움찔!
헛, 깜짝이야!

11

이 저수지에 눈먼 물고기가 많다더니, 진짜 낚였다. 이름도 모르고 먹을 줄도 모르는 한량한테 잡힌 한심한 놈들. 얼추 모양을 내어 굽긴 구웠는데 먹을 엄두가 나질 않았다. 근처 식당의 툇마루에서 구워 놓은 물고기를 그저 보기만 하면서 쉬고 있는데 식당 집 아이들이 다가와 장난을 친다. '추리닝'이며 아무렇게나 자란 머리 모양이 요즘 아이들 같지 않아서 더 예뻐 보였다.

where 연인을 부르는 달콤한 연못 포천 상추동 저수지 최근 다시 주목받는 포천을 이끄는 쌍두마차는 신북 온천과 트라우트 밸리다. 신북 온천이 가족 단위의 여행자를 위한 곳이라면 상추동 저수지의 트라우트 밸리는 단연 연인을 위한 여행지. 외국의 리조트 같은 풍경이 펼쳐지는 아름다운 곳이기 때문이다. 빨간색의 홈카(home car), 물안개 피어오르는 그림 같은 저수지. 유럽풍의 시골 마을 테마로 해서인지 아기자기하면서도 신명한 색깔늘이 이국적이다. 송어 전용 낚시터로 알음알이로만 소문나다가 드라마 <파리의 연인>에 소개되면서 주목받기 시작했단다. 산책, 하이킹, 바비큐, 플라이 낚시 등 즐길 거리가 많아 편안하게 휴식을 취할 수 있다. ● 동부 간선 도로를 타고 끝까지 온 후 43번 국도를 타고 의정부를 지나 포천 시내로 진입한다. 포천 시외 버스터미널 다음 사거리에서 좌회전한 뒤 추동 슈퍼 삼거리를 지나면 트라우트 밸리 이정표가 나타난다. 포천 시내에서 15분 거리. 트라우트 밸리 031-533-0373 www.troutvalley.com

목련, 먹어 본 적 있나요

진할 것이다.
별맛은 없겠지만 고소한 맛이 아주 진할 것이다.
삼킬 때의 느낌도, 씹을 때의 느낌도, 아쉽다는
생각은 남지 않을 정도로 푸근한 간식이 될 것이다.
만일 목련을 먹을 수 있다면,
아마도 그런 맛일 거다.

12

허브 달걀 쿠키 ● 서울 성북동
spring fever

food id travel

머릿속에는 함박 핀 목련 옆에 그걸 꼭 닮은 쿠키가 달려 있는 그림이 그려져 있는데, 나무의 키가 밑에서 보는 것만큼 만만하지가 않았다. 아주 크고, 아주 높은 가지에서 열리는 큰 꽃이라야 그렇게 '부티'가 흐르나 보다. 달걀 쿠키를 빚고 허브 이파리를 얹어 구웠다. 생각보다 맛있고 모양이 잘 나와 어쩐지 일이 쉽게 풀린다 싶었는데, 아니나 다를까, 목련 나무는 전혀 도와 줄 생각이 없는 듯했다.

늦은 봄이 이른 여름을
마중하는 길목

warmming up

늦은 봄, 이른 여름. 떠나기에 딱 좋을 때가 아닌가 싶다. 나들이는 아직 끝나지 않았고, 휴가는 아직 시작되지 않은 그 때 여행의 틈새는 열린다. 매일의 식탁에도, 가벼운 산책에도 모두 놀라운 세계로 이끌어 주는 틈이 있다. 부지런한 자만이 그 틈새의 계절을 즐길 수 있다. 바쁜 나날이다.

봄비 내리는 소리는 두근두근, 콩딱콩딱

귀에서는 '후두두둑'. 그러나 마음속 귀로는
'두근두근', '콩딱콩딱'. 비가 오면 봄이 오고, 봄이 오면 비가 오니까!
봄비만큼 예쁜 이름은 이제껏 보지 못했다.
특히, '올 들어 처음 내린 봄비' 같은 이름은.

13

차마 똑바로 바라보지 못할 정도로 수줍음 많던 청춘 시절 드나들던 카페. 창틀을 필터 삼아 변화한 거리 풍경을 영사기처럼 돌려 볼 수 있는 장소다. 손대지 않은 치즈와 토마토 덩어리는 투박하고 순진한 이 자리의 주인과 닮았다.

프레시 모차렐라 치즈 토마토 샐러드 ● 서울 대학로

솜사탕 ● 강원 강릉 경포대

14

숨은 구름 찾기

하늘 닮은 컵 하나, 나무 닮은 꼬챙이 하나. 바위 위에 얹어 놓고 구름을 기다린다.
바람만 협조해 주면 되는데…. 그럼 솜사탕처럼 베어 물 수 있을 것 같아.
그런데 그게 마음같지 않다. 바람도 구름도 모르는 척!
구름이 솜사탕과 손잡을 만한 자리를 찾아 이리 뛰고 저리 뛰고.
숨이 턱까지 차올라 달콤함이고 뭐고 다 집어치우고 싶을 때,
그제서야 살짝 내려앉은 구름. 이윽고 바람이 속삭인다.
"힘들지? 이 사람아, 나도 구름 들고 달리기가 자네만큼이나 힘들다네."

햇살이 아주 뜨거운 날이었다. 강릉 시내 다 뒤져 찾아낸 솜사탕. 아니, '관광의 도시'라는데 순백의 솜사탕은 찾기 쉽지 않았다. 어렵사리 솜사탕을 찾긴 찾았는데, 이번에는 하늘과 맞닿은 바위를 찾기 힘들어 또 헤맸다. 강릉 언저리를 몇 번인가 헤맸던 것 같다. 모두 솜사탕 덕분이다.
where 매일 밤, 젊은 일탈의 최종 목적지 **강원도 강릉시 경포대** 스물다섯에는 바다가 보이고, 서른이 되면 하늘이 보이고, 서른다섯은 경포호를 보고 마흔은 경포대에 오른다고 한다. 강릉은 그만큼 보는 사람에 따라 보이는 게 다르다. 주로 바닷가 쪽으로 여행자가 몰리는데 육지 쪽으로 고개를 돌려도 한적하고 아름다운 곳이 많다. 천재 시인 정철의 〈관동별곡(關東別曲)〉에도 경포호와 해당화의 아름다움을 노래하고 있으니 젊은 혈기 후끈한 해수욕장만 눈여겨볼 것은 아니다. 해안을 조금만 벗어나도 낮은 지붕이 이어진 마을과 전망 좋은 산책로를 만날 수 있다. ● 영동 고속 도로 강릉 IC에서 속초 방면으로 진행하면 된다. 강릉시 관광개발과 033-640-5127~8 www.gangneung.go.kr

warmming up

훈제 연어 그린 빈 샐러드 ● 대구

뜬다, 안 뜬다! 말 많은 접시 배의 부유(浮游) 논란

가벼운 재료를 써서 가벼운 마음으로 만든 샐러드.
가벼운 접시에 담아 띄워 보지만, 말처럼 쉽지 않다.
재료를 자연으로 돌려보내고 싶었는데, 그조차 욕심. 뜻과 마음이 너무 무거웠던 게야.

15

흰 모래가 고운 강변, 잔잔한 강물. 이 정도만 해도 운이 억세게 좋은 로케이션인데, 이번엔 무게가 문제로구나. 연꽃처럼 물그림자 아련하게 피우고 싶었건만, 종이 접시가 도통 뜰 생각을 않는다. 슬쩍 띄워 보는 척을 하는데, 종이 접시야, 잎들아, 말 좀 들어다오. 강물에 비친 고단한 표정 좀 보렴.

where 팔공산 아래 아늑한 도시 **대구** 경상도 한가운데에 있는 오랜 대도시 대구. 활달하고 친절한 이 곳 기질 덕에 처음 여행하는 사람도 길을 찾거나 소문난 음식점을 찾기가 어렵지 않다. 잠깐 차를 세우고 아무에게나 물어 봐도 경상도 특유의 마당발 기질을 확인할 수 있다. 약령시, 비슬산, 월드컵 경기장, 녹동서원, 팔공산 등 대구의 명물을 편리하게 둘러볼 수 있는 시티 투어 버스는 초보 여행자의 필수 코스. 대구 하면 아름다운 타워가 있는 팔공산을 먼저 떠올리지만, 대구 사람이 자랑하는건 단연 비슬산이다. 느긋한 대구의 정취를 맛보고 싶다면 비슬산 자연 휴양림에서 '대구 사람' 처럼 놀아 보자. 정돈되고 정석인 어느 휴양림과는 달리 울퉁불퉁 큰 바위가 턱턱 놓여 있어 매우 독특한 느낌이다. 비위 그늘에서 한 잠 달게 자도 좋을 것 같다. 매년 봄이면 비슬산 꼭대기 30만 평에 참꽃이 피어서 장관을 연출한다. 가을 단풍도 유난하고. ● 고속 철도를 이용하면 서울역에서 동대구역까지 2시간 걸린다. 자가용이라면 경부 고속도로에서 동대구 IC를 이용하면 된다. 대구광역시청 관광과 053-429-3335 www.daegu.go.kr

청포도 뻥튀기 케이크 ● 제주

food @ travel

16

바로 이런 게 사상누각 케이크

그림 같은 등대와 그림 같은 케이크, 가느다랗게 치솟은 수직선의 병렬. 벽돌 대신 청포도를 고이고
생 크림으로 틈을 메운다. 바람 난 케이크 위에 등대처럼 넘실대는 촛불.
그러나 여기는 제주도. 태평양 모든 바람이 거칠 것 없이 밀어닥친다.
보이지 않는 바람을 감추는 게 가장 어렵다는 것을 진즉 눈치챘어야 했는데.

뻥튀기와 뻥튀기 사이에 부드러운 크림을 넣고 청포도로 맛과 모양을 내겠다는 욕심은 말 그대로 욕심이었다. 뻥튀기에도 바람 든 맛이, 크림에도 바람 난 맛이 깃들었음을 도무지 이해해 주지 않는 것이 제주의 무지막지한 바람이다. 제주의 바람은 뻥튀기가 아니라 포도 알마저 총알처럼 날려 버릴 정도로 강했다. 등대까지 날아가지나 않을까 싶었다. 등대처럼 멋지게 쌓아올리겠다는 욕심을 버리고 나니 그런 대로 '바람 든' 뻥튀기 케이크가 완성됐다. 바람과 바람 사이, 100만분의 1초(당연히 이런 셔터 스피드는 없지만!)로 잽싸게 찍은 것이다.

where 이 땅 어디서도 흉내낼 수 없는 풍경 제주도 섭지코지 흔히 제주도 하면, 여름 휴양 여행을 떠올리지만 빼어난 계절은 단연 봄이다. 특히 아직 반도에는 봄이 오지 않은 이른 봄이라면, 해안 절경과 하얀 등대가 있는 섭지코지에서 봄은 더욱 선명한 색감으로 다가온다. 코지는 제주도 사투리로 '곶', 바로 튀어나온 육지의 끝이다. 코지 북쪽 해안으로 검은 돌이 가득한 해안과 짙푸른 파도 사이로 성산 분화구의 모습을 볼 수 있다. 사람들이 성산 일출봉에 넋을 빼앗기고 있을 때 남쪽 해안을 따라 산책하면 또 다른 한적한 느낌을 맛볼 수 있을 것이다. 코지 언덕 위에는 옛날 봉화를 지피던 자리가 아직도 생생하고, 붉은오름에 오르면 하얀 등대가 붉은 흙빛과 푸른 바닷빛 사이에서 선연한 아름다움을 뽐낸다. 등대에 올라 큰 숨 쉬고 바다의 정기를 맘껏 들이 마셔 보자. ● 제주시에서 12번 해안 도로를 타고 신양리를 지나면 섭지코지에 이른다. 서귀포에서 출발한다면 신신리까지 12번 해안 도로를 타고 진입해 신양리를 지나면 된다. 제주도청 관광진흥과 064-710-3344 www.jeju.go.kr

일그러진 우리들의 햇살

색이나 맛이나 있는 듯 없는 듯한 완두콩 수프.
고목의 커다란 그늘 속에 요리가 아니고
잎사귀인 척 앉아 있다.
나뭇잎 사이로 떨어지는 햇살을 담고 싶었는데,
아는지 모르는지 새침 떨고 앉아 있다.
일그러진 그릇 귀퉁이에 드디어 햇살이!

옆구리를 살짝 튼 잎사귀 모양의 접시와 연둣빛의 요리를 골랐다. 음식이 자연을 닮게 하고 싶어서다. 무심한 듯 보이는 자연의 풍경도 뜯어보면 생명의 치밀하고 치열한 디테일들로 이루어져 있듯이, 신경을 덜 쓴듯 자연스러워 보이는 요리와 이미지를 위해서는 더 부단히 신경을 써야 한다는 사실이 새삼스럽게 느껴진다. 무심한 듯 보이는 저 투박하고 거친 고목을 찾기 위해 완두콩은 고단한 여정을 겪어야 했다.
where 열두 번 물을 건너는 수고도 아깝지 않다 경기도 연천군 열두개울 연천군 청산면 초성리에는 '열두개울'이라는 계곡이 있다. 동네 사람들도 더운 날이면 달려가 발을 담그는 시원한 계곡이다. 선녀바위, 만장바위, 평바위, 봉바위 등 예쁜 이름을 가진 큰 바위와 돌목소, 쌍무소, 용수골소 등의 명소가 모여 십 리의 장관을 연출한다. 지금은 다리가 5개나 놓이고 길이 뚫렸지만, 예전엔 덕둔리로 가려면 열두 번이나 개울을 건너야 할 정도로 굽이가 심했다고. 개울 뒤쪽으로 펼쳐진 우거진 숲과 시원한 기운은 그대로 남아 비밀의 계곡을 선물하고 있다. ● 연천군청 문화관광과 031-839-2065, 2789 www.iyc21.net

완두콩 밀크 수프 ● 경기 연천
warmming up

중식 야채 누들 ● 서울 인왕산

food @ travel

18

폐허 속에도 온기는 남아 있다

살아 있는 존재를 위한
따뜻한 음식 한 그릇.
죽은 사람도 다시 살아나게
할 수 있을 것만 같은
다정한 한 그릇의 국수.
이 세상이 아닌 것 같은 공간을
훔쳐보려면
이 정도 야부는 해야 한다.

북악 산자락 뒤 다 허물어져 가는 빈 아파트 현장에서, 이제 막 생명을 다하는 건물 안에서 진짜 살아 있는 풍경을 만났다. 삶의 때가 덕지덕지 남아 있는 벽지며, 조심성 없는 누군가가 깬 창문이며…. 쓸쓸한 풍경을 위해 만든 음식은 다정한 온면이었다. 청와대와 가까운 관계로 촬영 과정은 다정하지 않았지만, 이 날 도심 속 일상의 바로 곁에서 왠지 마음에서 지울 수 없을 것 같은 풍경을 여럿 만날 수 있었다.
where 인왕산에서 옛 풍류를 흉내내볼까 서울 인왕산 정선의 〈인왕제색도〉로 친숙한 산이다. 기운 넘치는 화강암 암벽에 사철 푸른 나무들이 군데군데 박힌 모습이, 한 번 보면 잊기 어려울 정도로 인상적이다. 경복궁을 호위하던 우백호 격이라, 과거 이름난 문인, 벼슬아치, 예술가들이 모여 살았다. 정선이 그림으로 기념한 문인 모임터 청풍계가 이 근방에 있었고, 진경 시대 활짝 꽃핀 시회(詩會)가 또 여기서 열렸다. '송석원 길' 같은 지명들이 그 흔적이다. 기기묘묘한 기암을 보는 등산 재미에, 서울 시내와 경복궁, 청와대 부근 녹지가 한눈에 들어와 상쾌함을 더한다. 아침 일찍 올랐다가 근처 경복궁이나 사직 공원에서 숨 돌리고, 사간동, 인사동에서 그림 구경하고, 차 나 술 한잔하면, 옛 사람 풍류가 바로 여기에 있다. ● 지하철 3호선 경복궁역이나 독립문역, 무악재역에서 내린다. 시내 버스를 이용할 경우 서대문행을 타고 사직 공원에서 내리면 된다. 하산할 때는 부암동 방면 길이 낫다. 청와대 앞길로 이어져 팔판로, 효자로, 경복궁의 가로수 길까지 산책을 즐길 수 있다. 월요일, 공휴일 다음 날은 입산 금지. 종로구청 공원 녹지과 02-731-0395 tour.jongno.go.kr

19

파스타는 다음에, 이 다음에

미적지근한 건, 인생에서 그리 미덕이 아니지만 누구나 미결, 미완으로 남겨 놓고 싶은 것이 있기 마련이다. 폐허의 옥상에서 바라 본 서울이 그렇다. 어렵사리 반죽까지 해 가며 생 파스타 면을 만들어 놓고, 갑자기 핑곗거리가 생각났다. "파스타는 다음에, 이 다음에 해 줄게. 네게 뭐가 어울릴지 지금은 잘 모르겠으니까."

미완의 완성이다. 정말이다. 하다가 만 게 아니라, 미완의 요리도 하나의 아이디어가 될 수 있겠다는 생각이었다. 어떤 요리, 어떤 맛이 될 수 있을지는 상상의 몫. 하기는 어떤 요리도 그 하나로 완벽하게 완성된 맛은 없고 우리의 미각은 평생을 두고 완성을 향해 천천히 쌓여 간다. 삶이 완성되어 버린다면 내일이 우리에게 무슨 빛이랴. 폐허가 된 건물 옥상에서 미완의 서울 풍경을 봤을 때, 부지런히 밀가루 반죽을 시작했다. 미완이라며 시시하다고 생각할 수도 있겠지만 품은 곱절로 들었다. 갑자기, 억울한 마음이 든다.

바질 생 파스타 ● 서울 인왕산
warmming up

아삼 커피 ● 강원 정선

food @ travel

살다 보면 커피가 필요한 순간이 있습니다

커피색 풍경 속에 들어앉은 커피.
퇴색해 버린 일상을 등지고 섰을 쓸쓸한 사람을 위해
그 누군가가 타 놓은 모양이다.
연탄재는 식어도 온기는 영원히.
따뜻한 건, 늘 손보다 가슴이 먼저 안다.

20

거창하지만, '본질'이라는 개념을 찾아 나선 여행길에서 커피와 커피가 있어야 힘 자리를 만났다. 낡은 시골집이었다. 지금은 다 허물어져 가지만 한때 누군가 정성 들여 가꿨을 일상의 파편을 음미한다. 세련된 페이퍼 컵에 담긴 테이크아웃 커피가 아니라, 낡은 컵에 담긴, 조금 쓸쓸한 커피 한 모금이 필요한 순간이었다.

warmming up

warmming up

당신 마음의 넓이는 몇 평?

네 귀퉁이 말뚝을 박아 나만의 공간을 만든다. 사방 두세 평, 작은 방이지만 지붕은 하늘이고,
바다가 창문이자 마당이다. 대자연 속에서 요만큼 땅따먹기 한다고 뭐라 탓하진 않겠지.
거스름 없다면 멋진 바람 한 번 휙 불어 주구려!

안면도 앞바다에 조금, 아주 조금 욕심을 내어 방을 만들었다. 흰색 종이와 흰색 패브릭으로 자연스럽고 깨끗한 테이블 세팅 완성. 대자연을 작고 아담한 공간으로 초대하여 마주앉자고 청하고 싶어서 만든 공간이자 파티다. 확실한 것은 대자연은 거센 바닷바람을 타고 온다는 것. 테이블 보가 바람에 살살 날리는 정도만 기대했는데 테이블 자체가 날아갈 듯 거센 바람이 불어왔다. 대자연의 위력을 새삼 확인했다.

where 이렇게 가까이에 이렇게 아름다운 충청남도 태안 안면도 서울 사람들의 '바다 목마름'을 제일 속 시원하게 해결해 주는 곳이 아닐까. 서해안 고속 도로를 달리면 거우 2시간 30분 거리. 꽃지 해수욕장의 넓은 물결과 우아한 석양은 마음에 대견함을 주기에 손색이 없다. 안면도는 특히 연인들의 첫 여행지로 좋은데 예쁘고 산뜻한 펜션이 그야말로 지천이기 때문. 간단한 해산물과 화이트 와인 한 병으로도 충분하다. 안면도 자연 휴양림 속 향긋한 소나무 숲길 산책도 빼놓을 수 없지. 예쁜 소나무는 이 곳에 다 가져다 놓은 거 아닐까. ● 서해안 고속 도로를 타고 가다가 홍성IC가 보이면 빠져나올 것. 서산 A, B 방조제를 지나면 나온다. 강남이나 남부, 동서울 터미널에서 태안이나 안면도 가는 버스를 이용해도 된다. 태안군청 문화관광과 041-670-2544 www.taean-gun.chungnam.kr

화이트 테마 테이블 세팅 ● 충남 태안 안면도
warmming up

삼단 우산 대신 라테 한 잔

여행을 하다 우연히 그리고 갑자기 만나는 건 사람뿐만이 아니다.
국지성 집중 호우—바로 소나기도 그런 친구다.
삼단 우산이나 빠른 달리기 실력을 챙기는 준비성보다는 보온병에 그린 티 라테 한 잔을 챙겨 두면 어떨까.
광고 카피처럼, 훨씬 '풍부하고, 부드러운' 여행이 될 텐데.
꽉 막힌 자동차 안, 나와 라테만 있다면 뼛속까지 향기로 가득하다.

22

여행을 하면서 실제로 많은 비를 만났다. 차 안에서 큰 비를 만나면 마음은 물론 몸까지 쪼그라드는 느낌이 난다. 춥고, 음습하고, 쓸쓸한 느낌 말이다. 그럴 때 제안하고 싶은 도피책은 머릿속으로 풍성한 카푸치노 냄새를 그려 보는 것. 달콤한 향일지 씁싸름한 향일지야 각자 취향이겠지만, 실력 좋은 바리스타의 거품 솜씨와 여린 애플민트 한 조각은 그 상상의 냄새 패키지로 함께 떠오른다. 그림처럼, 냅킨, 머그잔, 거품기까지 여행길에 일일이 챙겨갈 순 없겠지만, 소나기를 당혹스러움이 아니라 반가움으로 맞이할 수 있는 여유는 꼭 챙겨서 떠나시기를.

where 동백꽃 필 무렵, 이 곳을 꿈꾸지 않는 사람이 있을까 전라도 고창 선운산 그 유명세 때문에 거산일 듯하지만, 사실 400m 남짓한 낮은 구릉이다. 동백꽃이 붉은 꽃 무릇을 연출하는 장관과 고찰 선운사의 명성이 고창을 유명 여행지로 만든 셈이다. 북방 한계선을 따라 자란 동백나무들은, 해마다 봄이면 진한 아름다움을 안겨 준다. 동백꽃이 붉은 심장처럼 뚝뚝 떨어지는 모습을 본 사람은 절대 그 모습을 잊지 못한다. 게다가 숲이 우거진 골짜기를 따라 솟은 멋진 바위들이 압권. 선운사에서 도솔암까지의 등산로는 울창한 나무가 마치 터널을 통과하는 느낌이다. ● 서해안 고속 도로를 이용할 경우 선운산 IC나 고창 IC를 통해 반암 삼거리에서 선운산 도립 공원 표지를 찾아오면 된다. 호남 고속 도로에서는 정읍 IC를 지나 정읍 시내 반대편 도로로 진입한 후 직진, 22번 국도와 29번 국도 갈림길에서 계속 22번 국도를 따라 만암 삼거리까지 오면 된다. 선운산 도립 공원 관리 사무소 063-563-3450 고창군청 gochang.chonbuk.kr

그린 티 라테 ● 전라 선운산 인근

warmming up

비 때문에, 아니 비 덕분에

오늘 하루는 쉬기로 한다. 비 때문에 일정 취소? 아니, 비 덕분에 단합 대회다.
모두 '안타깝다'며 걱정하지만, 얼굴은 빙긋 웃고 있다. 으흐흐.

초여름 이른 장마 ● 전라 선운산 인근 저수지

23

조금 내리면 촬영 강행이지만, 많이 내리면 말 그대로 '개점 휴업'이다. 대부분은 조금 기다리면 날씨가 개기도 하지만, 초여름 장마는 기세가 제법이다. "에잇, 오늘은. "제껴!"하고 단언할 때쯤 어디선가 삼겹살 굽는 냄새가 퍼져 왔다. 비 오는 날에는 냄새가 더 멀리 퍼지니까. 비 덕분에 우리끼리 단합 대회. 일정은 취소 됐지만, 우성의 신노는 성큼성큼 나가는 날이나.

warmming up

플레이 더 스시, 플레이 더 피아노

손가락 같은 초밥이 손가락처럼 연주한다고 상상해 보는 거다. 곡명은 '상큼달콤'이고, 연주 기법은 '한 입에 냉큼'이라고 마음대로 생각해도 누가 뭐랄까. 어차피 소리 없는 연주는, 연주자 귀에 밖에 들리지 않으니까.

24

아보키도와 닐치 알을 올린 초밥 ● 강원 대관령

warmming up

스태프 가운데 한 명이 '진짜 좋다'고 강권한 곳이 대관령 양떼 목장이다. 확 트인 초원에서 낡은 악기를 멋들어지게 연주하는 꿈을 쭉 꾸고 있었는데, 너무 낡은 첼로나 바이올린은 생각만큼 아름답지 않았다. '방법이 있겠지' 하며 도착한 그 곳. 정말 거짓말처럼 낡은 피아노 한 대가 초원을 지키고 있었다. 푸드 스타일리스트의 연주법은 푸드 스타일리스트답게. 그은은 악보 한 장이면 아무 치장 없이도 자연스럽고 아름다운 식탁이 완성될 터. 게다가 파트라슈 버금가는 멋진 콜리와 어여쁜 아이들…. 어떤 여행이든지, 끝내 주는 우연이 기다리고 있다. 그 순간을 만나면, 놓치지 말고 각자의 방식으로 가장 멋진 연주 장면을 인생의 무대에 남겨 두시라.

where 고원에서 맛보는 태초의 평화 강원도 평창 대관령 양떼 목장, 삼양 목장 청정 고원 대관령에는 크고 작은 목장이 많다. 대부분이 젖소를 방목하여 평화롭고 안정된 분위기를 연출한다. 풍경이 아름답다고 아무데나 침입해서는 곤란하다. 개방되는 곳은 삼양 대관령 목장과 양떼 목장 두 군데. 특히 양떼 목장은 원래 풍전 목장이라고 불렀는데, 양을 방목하는 목장이 워낙 드물어 이 양떼 목장으로 아예 이름을 바꿨다. 봄에는 황연두의 초원이, 여름에는 시원한 하늘이, 가을에는 주변의 단풍이, 겨울에는 눈밭을 헤치는 털 자란 양떼의 모습이 아름답다. 여행 전문가들도 '꼭 가봐야 할 여행지'로 손꼽는 것을 주저하지 않는다. 목장 주변을 따라 다정한 산책로가 나 있는데 영화 <화성에서 온 사나이>를 본 사람이라면 금세 영화의 한 장면을 기억해 낼 수 있을 것이다. ● 경부 고속 도로 호법 IC나 중부 고속 도로 신갈 IC에서 영동 고속 도로로 진입한 다음 횡계 IC에서 빠지자마자 즉시 시내 쪽으로 우회전한다. 로터리에서 좌회전 후 6km 정도 주행하면 목장 이정표가 있다. 양떼 목장 033-335-1966 삼양 목장 033-336-0885

theme story 1 * **dishes**

당신이 아끼는 그 그릇이 재료와 솜씨를 속일지라도 탓하거나 노여워 말아요

● 그릇이 푸드 스타일링에서 차지하는 자리의 크기를 묻는다면, 대답은 하나다. 크다. 절대적이다. 물론, 재료나 솜씨나 컨셉트나 모든 게 절대적이다. 퍼센트로 중요도를 구분하자면 모두 100%를 주어야 하니 우문은 삼가해 줬으면 한다. 그를 위한 현명한 답안도 아직 준비하지 못했으니까. 어쨌든 그릇은 내게 옷보다 중요하고 많으며, 요리나 스타일링 자체만큼 많은 연구를 필요로 하는 과목이다. 구하기 힘든 재료, 제일 좋은 재료를 빼놓지 않고 주는 상인을 알고 있는 것, 어떤 파티에서도 쓸 수 있는 커다랗고 멋진 접이식 테이블을 갖고 있는 것만큼이나 다양한 그릇이 그득 쌓여 있는 것은 자랑이다. 때에 따라 그리고 상업적 필요에 따라 메이커에서 빌려 주는 그릇을 쓰는 게 푸드 스타일리스트의 큰 일이기도 하지만, 마음에 꼭 맞는 그릇을 만나지 못했거나, 혹은 머릿속에 있는 그림을 실천에 옮기지 못할 때 '쟁여 놓은' 그릇은 마치 고향의 선산처럼 큰 힘이 되곤 한다. 크건 작건, 팔아서 돈으로 만들 수 있건 없건 간에 무슨 일이 생길 때마다 꼭 떠오르는 선산처럼 말이다.

● 대개, 음식에 대한 컨셉트가 먼저고 그릇은 맨 나중에 선택되는 스타일링 요소라고 생각하는 경우가 많은데 이런 생각 재미없다. 다른 방식으로 생각해 보자. 당장 사과를 깎아 손님에게 낼 때도, '이 사과를 어디에 담지?'라는 걱정은 말아 주기를. 사람이란 좋은 품성이 먼저고, 멋진 외모는 나중이라고 하는 데 동의하는 바지만, 가끔은 근사한 시계를 차고 외출하면 나도 근사한 사람이 된 듯한 착각에 빠질 때도 있다. 조금 튀는 선글라스를 쓰거나 해 보고 싶었던 헤어 스타일을 시도한 날이면 사람들이 나를 쳐다보는 것 같아 으쓱하기도 한다.

음식도 그렇다. 지난 번 리조트 여행에서 사온 원주민의 우드 트레이를 쓰고 싶으면 그걸 기준으로 음식을 만들어 보는 거다. 친구들이 '쐬주에 생태 매운탕'을 먹자고 찾아오더라도, 우드 트레이에 치즈 크래커 카나페와 와인 한 잔씩을 대접하며 '오늘은 이 나무 접시가 내게 말을 걸어 와서 어쩔 수 없었노라'고 말해 보는 거다. 얼굴이 파묻힐 만한 머그에 매일 아메리칸 커피를 즐기는 사람이라도, 오늘은 '코딱지 만한' 다기에 주전자 휘휘 돌

학부에서 도예를 전공한 탓에 그릇은 나의 좋은 지원병이자, 복병이 되곤 한다. 아는 것이 힘이 되기도 하고, 모르는 게 약이 되기도 하니까, '그릇에 대해 잘 알아 유리하겠다!'라는 코멘트는 조금 나중으로 미뤄 줬으면 하는 마음이다. 물론 그릇을 사랑한다. 집착에 가까울 정도로 좋아하기도 하고, 그릇 따위가 없었더라면, 조금 더 자유롭게 표현할 수 있지 않을까라는 원망도 한다. 그러고 보니, 애증이다. 잘 아는 사이, 오래 알아 온 사이에서만 느낄 수 있는 감정 말이다. 정작 그릇을 만들던 그 시절엔 그릇이 그렇게 중요하고 애틋하게 느껴지지 않았는데, 한 발짝 멀어지고 나니 더 잘 이해하게 됐다. 이런, 이건 무슨 옛 연인에 대해 회고하는 것 같은 분위기잖아!

려 가며 차를 마셔 보는 거다. 그게 바로 음식이 일상에 줄 수 있는 재미니까. 이런 일은 스타일링할 때도 빈번히 벌어진다. 대부분은 스타일링을 의뢰하는 잡지사나, 기획사 측에서 '이러한 요리 사진을 진행할 테니 아이디어를 내 보자'고 먼저 프러포즈를 해 오지만, 새로 출시된 어떤 그릇을 만나 보기 위한 작전은 늘 내 머릿속에 맴돌고 있다. 그러니 조금이라도 기회가 있으면 그 멋진 새 그릇 친구를 위한 음식이 차려진다. '그릇이 먼저냐, 음식이 먼저냐'라는 질문에 대한 나의 답은 이것이다.

● 또 '어떤 그릇을 좋아하느냐'는 질문을 많이 받곤 하는데, 순진(?)했던 시절에는 "윤기가 자르르 도는 흑유(黑釉)요", "요즘엔 스패니시 풍의 비비드 컬러 플레이트에 심취해 있어요" 등으로 구체적인 대답을 꺼냈다. 능구렁이가 다 된 요즘엔? "글쎄, 다 좋아요. 많을수록 좋지요. 그런데, 하하, 나이를 먹느라 그런지, 잔재주 없고 수줍은 하얀 그릇이 자꾸 좋아져요. 전에는 보이지 않던 그릇의 모양이나 질감이 자꾸 눈에 밟혀서 자주 꺼내게 돼요. 하얗고, 투박하고, 정직할수록 자꾸만 꺼내게 된다니까요"라고 말하게 된다. 조금은 어른스럽게 말하기 위한 트릭이다. 그리고 진심이다. 멋지고 세련되고 강렬한 개성을 가진 그릇이 테이블을 유혹하면 마음은 자꾸 '기본적인 것'을 찾게 된다. 평범한 게 평범한 것이 아닌 시절이다.

딸기보다 붉은 그릇, 그릇 같지 않은 그릇, 담아 먹으라고 만든 게 아니라 보라고 만든 것처럼 화려한 선을 가진 그릇, 음식 놓기 아깝게 멋진 문양이 있는 그릇, 외국 출장 때 거금을 주고 산 작품 그릇까지 내 눈과 마음을 빼앗았던 그릇의 리스트는 길고도 길다. 감각과 스타일링 실력을 돋보이게 하기 위해서 '보도 듣도 못한' 그릇을 의기양양하게 꺼내 놓았던 시절도 있었다. 눈에 확 들어오는 색이나 이색적인 형태가 아니면 큰 잘못을 저지른 것처럼 마음이 불편했던 적도 있었다. 지금도 선연한 색깔에 때때로 사로잡히곤 하지만, 나의 아끼는 그릇은 점점 소박하고, 희미하고, 수줍어지고 있는 중이다. 그 녀석들을 볼 때마다 '그러게 내가 뭐라고 그랬어. 화장 안 한 맨 얼굴, 깨끗한 생수, 담박한 음

식을 좋아하는 당신한텐 내가 딱이라고!' 라고 쫑알거리는 것 같은 환청이 들린다. 청순한 그릇의 아름다움에 눈을 떴다는 것도 일종의 단계고 득도일 터. 그러나 자부심보다 기분 좋은 것은 편중된 취향에서 벗어났다는 안도감이다. 단조로운 색의 그릇을 만나면 형태를 더 잘 보게 되고, 투박한 형태를 지닌 것을 만나면 그것의 색이나 질감을 눈여겨보게 됐으니….

● 그리고 편중에서 벗어남과 동시에 만나게 된 가치는 박애다. 그릇에 대한 편식이 없어짐과 동시에 깊고 진한 감각의 풍요를 경험하게 됐다. 누구나 그렇겠지만, 자주 쓰는 그릇은 물기 마를 새 없이 반들반들하지만 사용하지 않는 그릇은 먼지 옷을 입곤 한다. 처음에는 번거로워서, 나중에는 먼지 옷을 씻어 내는 게 또 번거로워서 '쓰지 않는 그릇'이 되고 마는 그릇은 이제 드물다. 한달 정도 물길이 닿지 않는 그릇에게는 미안한 마음마저 든다. 차를 마시거나 케이크 한 조각을 먹어도 두루두루 사용하려고 애쓴다. '물건도 오래되면 성정이 깃든다'는 말을 되새기며, 자꾸 말을 걸고, 자꾸 살아 있다는 것을 일깨워 주려고 노력한다. 지금 나의 작업실에는 투박한 나무로 짠 진열대가 작지 않은 벽 하나를 메우고 있다. 서가처럼 빼곡이 들어선 그 우드 박스 안에는 유럽의 유명 부티크에서 큰맘 먹고 공수해 온 그릇부터 촌의 이름 없는 가마에서 깨 부시려고 버려 두었던 질그릇까지 같은 대접을 받으며 살고 있다. 누구처럼 좋은 진열장에 유리문까지 갖춰 놓은 게 아니라, 언제라도 보리차나 라면을 담아 낼 수 있도록 '스탠드바이' 상태다. 쓰지 않는 그릇의 가치를 말해 무엇하랴. 그건 그릇에게도 못할 짓이다.

● 그리고 또 하나, 나의 그릇 사랑에 대한 입증은 '그릇이 아닌 것'으로 가능하다. 빛깔 좋은 와인 병이나 소스 병은 빈티지 라벨을 떼어 내어 창가에 놓아 두고, 스테인드 글래스로 사용한다. 그러다가 멋진 센터피스를 위한 소품으로 짠잔, 변신도 한다. 이 책에 실린 대부분의 그릇은 여행 도중 만나 다시금 그릇의 쓰임을 갖게 된 것들이다. 폐가의 버려진 문짝과 빈 병은 파스타를 위

한 멋진 밀대와 받침이 되어 줬다. 물론 그 모습 그대로 스타일링하여 사진으로 남겨 두었다. 며칠을 물에 불려 라벨을 떼어 낸 앞의 빈 병 시리즈도 여름날의 청량한 셔벗을 진상하기 위한 도구가 됐다. 비닐 우산도, 못생긴 징검다리도, 버려진 창문도, 연탄재도 이 여행에서는 모두 그릇으로 쓰였다. 금붕어의 어항으로 쓰였던 유리 볼은 그 녀석이 세상을 뜨고 난 뒤에도 샐러드 그릇으로 건재하다. 내가 이름을 불러 주면 그릇이 되지 않은 대상은 하나도 없었다. 이것이 나만 누리는 특혜일까. 그릇들은 당신에게도 당연히 그럴 것이다.

● 요즘 나의 편애를 받는 그릇은 티 포트다. 플레이트나 볼 등 테이블 세팅에 널리 활용할 수 있는 그릇을 챙기는 것이 아니라, 이제 나는 그릇과 함께 할 수 있는 즐거움을 위해 그릇을 모으고 있다. 워낙 커피보다는 향긋하고 느긋한 애프터눈 티의 즐거움을 즐기는 나이기에, 그 향긋하고 따끈한 차를 담는 포트를 모으는 기쁨은 이루 말할 수가 없다. 섬세한 문양이 새겨진 본 차이나부터 투박하고 실험적인 신진 작가의 포트까지, 하루에 서너 번씩 그럴싸한 티타임을 가지고 싶을 정도로 만나야 할 그릇이 줄을 섰다. 마치 어쩔 수 없이 미뤄 둔 데이트처럼, 보고 싶고 얘기하고 싶고 만지고 싶다. 얼마 안 있어 문을 열게 될 나의 첫 번째 카페를 위해서도 이 녀석들의 꿈과 바람을 잘 들어 두어야 한다. 게다가 아직 한 번도 주인공으로 만들어 주지 못한 유약을 곱게 바른 도자기 접시, 아무 처리도 하지 않아 음식을 넣으면 물이 들고 마는 원시적인 토기, 균형이 맞지 않아 오히려 멋져 보이는 일그러진 그릇, 그릇처럼 보이지 않는 나무 그릇, 그리고 정말 그릇이 아닌 것같은 그릇…. 이 녀석들이 섭섭지 않게 말을 걸고, 보듬어 주고, 품에 음식을 안을 날이 멀지 않았음을 슬쩍 알려 줘야 한다. 즐거운 강박! 그릇은 내게 족쇄이자 특권이며 부담이자 즐거움이다. 내가 먹는 것, 내가 들라고 권하는 것은 진실된 음식이되, 그릇과 함께 있는 음식이다. 지금, 당신도 당신의 물이 담긴 컵을 눈여겨보며, 그것의 모양과 느낌과 아름다움을 즐길 수 있으면 좋으련만.

멀리 갈 필요도 없다. 고개만 돌리면 된다. 계획도 필요 없고, 거창한 이유도 필요 없다. 장 보러 갈 때도, 일하러 갈 때도, 아니 창밖을 내다볼 때도 다 '여행' 이라고 생각하면 될 텐데. 말처

여행이 뭐 별 건가요?
고개만 돌리면 여행이죠!

travel mind

럼 쉽지 않으니, 매일 커다란 여행용 가방이라도 하나 챙겨 다녀 볼까. 무지개, 풀냄새, 웃음 소리…. 그런 것들로 장을 보아 가방에 됐다 상을 차리게. 마음 먹기에 따라 일상은 일탈이다.

다른 물건은
다른 곳으로 안내해 준다

똑같이 짠 소금을 사고 똑같이 흰 밀가루를 사고… . 매일반이겠지만, 날씨 따라 기분 따라 이번엔 다른 얼굴을 골라 본다. '넌 어디서 왔니?'라고 말도 건네 본다. 그 녀석이 여기 내 앞에 오기까지 지나 왔을 여정도 들어 본다. 친구들이 '미쳤냐?'라고 할지도 모르니, 혼자만 조용히 마음속으로 물어 볼 것.

25

매일같이 테이블을 차리다 보면 선호하는 브랜드, 음식 재료 등이 정해지게 마련이다. 하지만, 될 수 있으면 새로운 것, 낯선 것과도 친해지려고 노력한다. 일부러 다른 마트, 다른 가게에도 들러 본다. 새로운 물건을 경험하는 것도 우리가 여행에서 기대하는 즐거움이니까 말이다. 그러다 감을 못 맞춰 요리를 실패할지도 모른다. 하지만 겁 먹을 건 없지! 새로운 맛을 발견할지도 모르고, 적어도 다음에는 성공할 테니까. 그리고 보면 일상도 순간 낯설고 신비한 여행으로 둔갑한다. 떠나는 방법은 한둘이 아니다.

trevel mind

아마 무척 달고 부드럽고 흐물흐물하고 먹어도, 먹어도 배부르지 않을 것이다.
무지개는 젤리다.

무지개를 맛보는 법, 그 1탄

26

젤리에 천연 색소를 넣어 일일이 굳혔다. 색깔별로 얹으니 얼추 무지개 모양이다. 아무도 맛봤을 리 없는 무지개가 무슨 맛일까 상상해 보기. 음식도, 예술도, 여행도 모두 상상의 산물이니까. 결국, 보라색 젤리 만드는 데는 실패했지만, 하긴 여름 하늘 귀퉁이에 잠시 얼굴을 내밀었다 사라지는 무지개도 빨, 주, 노, 초, 파, 남, 보, 다 갖추는 건 아니지. 이만하면 무지개를 훔치는 데 꽤 성공한 셈이라고 으쓱해 본다.

레인부 젤리 ● 서울 혜화동

블루 와인 칵테일 • 서울 남산

무지개를 맛보는 법, 두 번째

무지개, 생각보다 가까이 있을지도 모른다.
바로 내 목구멍 안에—.

27

'이렇게 하면 무지개를 만날 수 있다'고 누군가 귀띔해 줬다. 힌트가 있으니 일사천리, 시원시원하게 길이 트였다. 남산 중턱에 자리잡은 작은 분수대에서 훌딱 벗고 깔깔거리는 아이들 사이에 무지개가 떴다. 하얗게 부숴지는 물방울, 열심히 뿜어대는 분수대, 물방울보다 더 잘게 부숴지는 아이들의 파아란 웃음 소리…. 이처럼 사랑스런 무지개 여행으로 이끌어 준 그들을 위해 음료수를 준비하지 않고는 배길 수 없었던 어느 여름날의 풍경이다.

where 아버지, 어머니도 연애할 때 다니시던 곳 **서울 남산공원** 63빌딩 못 가보고 유람선 못 타본 서울 토박이는 많아도 남산공원 가보지 않은 이는 드물다. 꽃 피거나 비 내리거나 또 첫사랑이 시작될 즈음에는 들르지 않을 수 없는 하루 싸리 여행지이기 때문일 것이다. 서울 도심 한가운데 있는 남산은 서울의 상징이자 정신적 토대다. 낡았지만 여전히 운치 있는 서울 타워의 '돌아가는 스카이라운지'에서 보석처럼 변신하는 서울의 야경. 산책로나 식물원에 들러서 머리 복잡한 일상사를 정리해 볼까. ● 자가용을 가지고 갈 때는 국립극장 뒤쪽으로 접근하는 것이 덜 걷는 길이다. 설어 올라가려면 남산도서관까지 버스를 이용하도록. 남산공원 관리사무소 02-753-2563, 5576

trevel mind

28

국물이, 아니 강물이 끝내 줘요

국물 없는 볶음 우동에 웬 국물 타령이냐고? 그릇 밖으로 철철 넘치는 저 시원한 국물이 보이지 않는 게야? 국물이 끝내 준다니까. 발도 담글 수 있을 정도라니까!

일식 해물 볶음 우동 ● 경기 한탄강

화창한 여름날, 강이라기보다는 개울이라는 이름이 어울릴 만한 물가로 탁족 놀이 나가 볼까. 햇살에 잘 익은 따끈한 바위에 앉아 찬 물에 발 담그고 볶음 우동에 차가운 사케를 한 잔 들이켠다. 뜨거운 국물일랑, 눈 소복이 쌓인 겨울 위해 남겨 두고 마음의 모든 땀자국도 다 씻어 줄 것만 같은 시원한 강물로 국물을 대신하자. 좋은 앵글을 위해 많은 피서객이 자리를 양보해 줬다. 자리는 양보하지만 시선은 집중이다. 미안한 마음에 짐짓 진지하게 가츠오부시를 고명으로 올리는 도중에 찰칵. 어색하고, 뻘쭘해서 이거 원 사케라도 한 잔 들이켜야겠네.

where 오늘 당장, 강태공이 되어 보리라 경기도 한탄강 연천 지류 밤나무골과 한탄강 국민 관광지 한탄강은 강원도 철원 지역에서 시작해 포천 지류와 연천 지류로 나뉜다. 포천 지류보다 연천 지류 쪽이 깨끗하고 물고기가 많단다. 거기서도 제일 아름답고 물고기가 많은 곳은 밤나무골. 근처에 재인 폭포가 있어 낚시를 못하는 사람이라도 한탄강의 기백을 느낄 수 있다. 강변에는 화산 활동의 부산물인 구멍 숭숭 뚫린 거무스름한 돌멩이들이 특유의 색감을 만들어 낸다. 한탄강 하류에 위치한 한탄강 국민 관광지는 한탄교와 사랑교 사이 강변에 조성돼 있는데 낡은 교각과 맑은 강물이 아련하다. ●의정부에서 출발, 소요산 쪽으로 3번 국도를 따라 오면 전곡이다. 전곡에서 연천 방면으로 진행하다 철도를 건너면 재인 폭포 표지판이 나온다. 우회전 후 직진하면 밤나무골이다. 동두천 지나 초성 검문소에서 조금 더 가면 한탄강 국민 관광지로 빠질 수 있다. 연천군청 문화관광과 031-839-2789, 2065 연천 지역 관광 정보 www.yonchontour.com

쓸쓸하고 처연하다. 바람만 조금 불어도 풍경이 눈물을 흘릴 것 같아 공기가 무거워진다. 고향 정취 잊지 못하는 타국 처녀가 스스로 차려 낸 외로운 생일상. 고향 닮은 풍경이 처녀와 같은 마음으로 마주 앉는다.

잔치는 끝났다

누구나 가끔씩 이방인이 되고 싶다. 동양의 이민족 정취는 어쩐지 아련한 향수를 자극한다. 스태프 가운데 한 명이 '화교 처녀'를 자처하며 기꺼이 쟁반을 들어줬다. 알록달록한 모양에 모주까지 갖추니 꽤 그럴싸하다. 중국 요리는 속도도 빠르고, 냄새도 좋아서 밖에서 만들기에 아주 좋다. 튀기는 과정이 번거로우니, 집에서 본 재료만 튀겨 간다면 잘 상하지도 않고, 또 현장에서 순식간에 멋진 요리를 만들 수 있게 해 준다. 물론, 술안주로도 그만이고.

깐풍기 • 경기 한탄강
trevel mind

딸기를 올린 생 크림 초콜릿 샌드 ● 대전 만인산

팔베개하고 누우면 잠이 솔솔. 배는 고픈데 뭐 먹기도 귀찮을 때, 살살 녹는 작은 딸기가 입에 쏙 들어온다면?
지구 최고의 게으름뱅이를 위한 메뉴를 내 놓는 어머니의 애정 어린 핀잔이 귓가에 맴돈다.
"이 눔아, 아예 씹어서 멕여 주랴?"

씹기도 귀찮아

30

동료의 어머니가 텃밭에서 손수 기른 딸기. 손수 구운 초콜릿 쿠키 위에 얹으니 그대로 녹아 버릴 듯 달콤해 보인다. 비닐 하우스에서 재배한 딸기보다 더 잘 무르지만 훨씬 부드럽고 달아서 그야말로 살살 녹는다. 우물물에 슬슬 헹궈 그냥 먹어도 초콜릿 쿠키보다 달다. 가장 단 맛, 가장 시원하던 물, 가장 포근하던 품, 어린 시절의 기억 속 감각은 거짓이 없다. 다시 그 날로 돌아간 듯, 하루 종일 평상에 팔베개하고 누워 라디오 들으며 빈둥거리는 한량을 위한 메뉴.

where 정겹게 손잡고 도란도란 거니는 산책 **대전 만인산 자연 휴양림** 거창한 짐 꾸릴 것도 없이, 벼르고 별러 날 잡을 것도 없이 몸도 마음도 가벼이 다녀올 수 있다. 대전과 금산을 잇는 17번 국도변에 있어 찾기도 쉽다. 계곡 능선을 따라 오밀조밀 가족 휴양 지구, 청소년 휴양 지구, 삼림욕장들이 들어 섰다. 만인산 휴게소 앞 주차장에서 왼쪽으로 태봉 고개, 정기봉을 잇는 능선을 타고 동쪽 휴양림으로 내려 서면 가벼운 산행에 삼림욕 마무리가 절로 된다. 한두 시간이면 넉넉하니, 꼭 동네 뒷산 같은 곳이다. 금산에서 중부대 쪽으로 난 플라타너스 터널을 타고 곧장 휴양림으로 향하는 코스도 손꼽는다. 새파란 여름밤 플라타너스 나뭇길만 손잡고 거닐다 돌아가도 좋다. ● 강남 고속 버스 터미널에서 5분 간격으로 대전행 직행 버스가 다닌다. 대전역에서 금산 마전행 501번 좌석 버스나 520번 시내 버스를 타고 만인산 휴게소에서 내린다. 자가용이라면 경부 고속 도로 비룡 분기점에서 대진 고속 도로 추부 IC를 지나 17번 국도에서 우회전한다. 자연 학습원은 50명 이상 되야 이용할 수 있고, 근처에 묵을 곳은 없다. 만인산 푸른 학습원 042-273-1945, 8061 tour.metro.daejeon.kr

가끔은 나 자신을 위한 만찬도 준비해 본다.
이름도 그럴싸한 자작나무 숲에 양 갈비 구이.
멋진 깔개와 와인도 한 병 준비하고 영화 속 주인공인 척 폼을 잡아 본다.

자작나무 숲에서의 점심 식사

31

잡냄새를 없애기 위해 워낙 다양한 향신료를 사용하는 양 갈비 덕에 구경꾼이 한 부대였다. "와, 어디 북유럽 같다!"라는 감탄이 들리는 걸 보니 색다르긴 한가 보다. 역시 우리 나라 사람들은 고기가 등장해야 제대로 된 요리라고 생각하는 모양이다. 피크닉이나 여행 요리 치고는 좀 거창한 감이 있지만, 가끔은 여행 자체보다 정성 들인 요리가 일상의 따분함을 날려 보내는 법이다.

바질 페스토 양 갈비 구이 ● 서울 선유도

훈제 비프 스테이크 ● 서울 선유도

누구나 걸터앉는 나무 벤치 위에 누구나 맛보기에는 좀 호사스런 스테이크 한 접시. "여기에 있을 내가 아니다"며 한껏 멋을 냈지만, 색깔이며 손대지 않은 듯한 자연스러움이 벤치나 풍경이랑 꼭 닮았는데 뭘.

언밸런스가 밸런스

32

이번에는 일상적인 공간에 조금 특별한 음식을 두고 싶었다. 누구에게나 허락된 자리지만, 누구나 늘 맛볼 수는 없는 고급 음식인 훈제 스테이크를 올렸다. 이것도 '일상 탈출'의 또 한 가지 방법이니까. 우리는 단지 멋지거나 혹은 간단한 음식만으로도 멀리 여행을 떠날 수 있다. 그리고 덧붙여, 일상이 당신을 못살게 짓누를 때 고개를 돌리면 언제나 짧은 여행이 가능한 곳―작은 공원 같은―이 있다는 것에 대한 귀띔이기도 하다.

where 콘크리트 도시 한가운데서 자연을 만난다 서울 선유도 공원 본래 이 곳은 신선이 되고 싶었던 선비들이 배 띄우고, 거문고 가락에 시 한 수 없어 노닐던 곳이란다. 그러던 걸 신작로 닦느라 봉우리는 다 깎아 내고, 콘크리트 기둥 세워 양화대교 지지대로, 정수장으로 썼으니 이만한 불경도 없다. 선유도 간데없고, 정수장도 폐쇄되어 휑하게 남은 섬을 새로 생태 공원으로 꾸몄다. 선유교를 걸으며 서울과 한강을 조망하고, 수생 식물원에서는 교과서에서나 보던 물봉선, 쇠뜨기들을 만나니 휴식과 자연 학습에 그만이다. 갈대 수로, 온실, 꽃길 등 곳곳에 충실히 자연을 살렸고, 환경 교실, 원형 극장, 정원 등 알찬 시설물들은 모두 정수장 수조 벽과 기둥을 그대로 살린 것이다. 녹색 기둥의 정원에 서 있는 헛헛하던 콘크리트 기둥들에는 벌써 담쟁이가 타고 올라 한창이다. 잠시 걸음을 멈추고 우리가 생채기 낸 자연을 기억하고, 화해를 청하자. ●지하철 2호선 당산역이나 6호선 합정역을 이용한다. 자가용을 이용한다면, 합정에서 양화 방면으로 간다. 반드시 이정표에 주의할 것, 일반 차량은 양화대교가 끝나기 전 김포공항 방면으로 빠져 성산대교 쪽으로 가면 나오는 한강 시민 공원 양화 지구 주차장을 이용해야 한다. 선유도 공원 관리 사무소 02-3780-0590~5 hangang.seoul.go.kr

33

때론 여행에도 휴식이 필요하다

간절히 원해서 떠나 온 여행이지만,
때론 여행도 지친다.
여행 중에는 휴식을 위한
또 다른 여행의 계획이 필요하게 마련이다.

피크닉 ● 제주
trevel mind

사람 마음이란 참 간사해서, 일상에 있을 때는 일탈을, 일탈했을 때는 일상이나 또 다른 일탈을 그리워하곤 한다. 그럴 땐 여행 속의 또 다른 여행을 계획해 보자. 여행지에서 산 풋풋한 과일이나 음식을 가지고, 여정을 벗어난 휴식 시간을 가져 보는 거다. 떠나고 보면 그마저 일상이 되어 버려 일정한 습관이나 패턴을 따르고 있는 자신을 발견하곤 한다. 여기서 완전히 벗어나, 또 다른 일탈을 경험해 보는 순간, 여행이 낳은 스트레스마저 확 달아날 것이다. 원기 회복은 물론이고.

where 그저 걷기만 해도 좋다 제주도 비자림로(1112번 지방 도로) 제주도는 온통 나그네의 발걸음을 붙잡는다. 그래서 제주도의 길들은 짧은 여행길 욕심 많아 바쁜 나그네가 다음, 다음을 재촉하며 지나는 곳이다. 그 중 그저 보기 위해, 걷기 위해 찾는 길이 있다. 바로 해안가에서 시작해 중산간에서 끝나는 비자림로다. 이 길은 속도를 줄이고 바닥을 쓸 듯 지나야 한다. 총 27.3km, 평대리에서 송당까지 밭담과 왕벚나무 가로수가 있는 봄 길 9km를 지나고, 대천 사거리까지 삼나무와 오름 그늘이 있는 여름 길 6km를 지나고, 교래 사거리까지 억새 우거진 가을 길 6.4km를 지나고, 5.16 도로와 만나는 어둑한 삼나무 숲 겨울 길 3.4km를 지나니, 길 위에서 한 세월 보낸 것 같다. 반드시 차창을 열어 놓고, 특히 비 오는 날에 지날 일이다. 젖은 흙 위로 피어나는 진한 나무 냄새는 가 본 사람만 안다. ● 이 길은 걸어야 제격이나, 예닐곱 시간을 걷는 것은 고행에 가깝다. 자가용이라면 세화에서 일주 도로를 만나 5분쯤 달려 구좌읍 평대리에서 시작한다. 평대리에서 곧장 뻗은 길을 따라가면 된다. 중간에 비자림, 다랑쉬 오름, 신굼부리, 소인국 미니 월드가 있으니 잠깐 쉬어 가기도 좋을 듯.

지중해식 홍합 찜 ● 강원 주문진

포구는 사시사철 추운 곳이다. 새벽 바닷바람이나 늘 젖은 신을 신는 뱃사람의 발을 떠올려 보라.
그들에게 따뜻한 홍합 찜 한 대접을 대접하러 가자! 포구는 늘 따뜻한 나를 만나게 해 주는 곳이니까.

포구에는 뭔가 특별한 것이 있다

34

정말 춥고 스산한 날이었다. 사진에서도 그 파리한 느낌이 전해져 오지 않는가. 한창 여름이라, 따뜻한 옷을 챙길 리 만무였다. '여행은 참으로 우리에게 색다른 경험을 주는군.' 그런 생각을 하며 우리는 하루 종일 습기 먹은 찬바람에 떨어야 했다. 이 때, 스웨터 같은 온기를 전해 준 음식이 홍합찜이다. 떠나 와 이렇게 맛있게 음식을 먹었던 기억이 또 있을까.

where 부서지는 파도 앞에선 두 마음이 모이게 마련 강원도 주문진 주문진 해수욕장에 서면 안도하는 마음부터 든다. 길고 넓은 백사장과 맑은 물, 하얀 파도가 바다에 대한 무한한 환상을 고스란히 만족시켜 주기 때문이다. 수심이 얕고 보글보글 재미난 거품이 이는 바닷물은 가족 단위 피서객의 놀이터로, 하얗고 고운 모래 사장은 연인들의 달콤한 산책로로 애용되고 있다. 모래사장 뒤편으로는 울창한 소나무밭이 펼쳐져 있어 더위에 지친 사람들에게 더할 나위 없이 시원한 휴식을 제공하기도 한다. 숙박지 구하기도 쉽고, 여름에는 오토캠핑장도 운영하고 있어 색다른 재미를 만끽할 수도 있다. 주문진항은 특히 회가 싼 것으로도 유명한데 강릉이나 속초로 놀러 가더라도 회는 주문진항에서 드시라. ● 영동 고속 도로 주문진 종점에서 나와서 7번 국도 타고 주문진읍 방향으로 직진할 것. 강릉에서 20분 거리다. 강릉시청 관광개발과 033-640-5422 www.gntour.go.kr

그 무심함에 감사 드립니다

때로는 아무것도 섞지 않은 정갈한 냉수 한 컵에서 지극한 정성을 느낀다.
맹물이 귀한 시절이다.

35

그림자 ● 강원 정선 별어곡 역

나이스 투 미트 마이셀프

지구를 지킨답시고 바쁘게 살아 온 일상. 그림자도 거울도 제대로 보지 못했다. 플랫폼에서 기차를 기다리는데, 누가 내게 인사를 건넨다. 다중인격체였던가, 깜짝 놀랄 정도로 내가 몰랐던 내가 말을 건넨다.

36

ⓒ 이완재

현지 아마추어 사진가 이완재 군이 촬영해 준 컷이다. 사진가 앙리 카르티에 브레송처럼 그림자 포트레이트를 만들고 싶었는데, 완재 군이 낯썬한 모습으로 찍어 주었다. 해가 뉘엿뉘엿 실 무렵, 팔다리가 길쭉한 나를 민난다.

theme story 2 * **cutlery**

끼니때마다 접하는
인류 최고의 실용 예술,
커트러리

cutlery

커트러리. '~러리' 따위로 끝나는 이 거창한 집합 명사는 사실 별거 아니다. 숟가락, 젓가락, 포크, 나이프, 스푼….'식탁용 날붙이'를 의미할 뿐이니까. 그래도 매일 내 입안에 쏙쏙 들어가 이젠 신체의 일부처럼 느껴지는 숟가락과 그럴싸한 레스토랑의 빛나는 포크는 다르게 느껴진다면, '매 식사가 즐거워야 한다'라는 나의 미식론을 아직 이해할 준비가 되지 않은 것이다. 커트러리는 예술이되, 사용할수록, 편할수록 진가를 보이는 실용 예술이다. 크리스토플이나 이녹스프랑 같은 명품 커트러리도 당신의 입맛과 손맛에 맞지 않으면 예술이 아니다. 스테이크를 먹더라도 '나무 젓가락 주세요'라고 말할 수 있는 소신! 그것은 준비된 미식가만이 가질 수 있는 용기다. 더불어 이번만큼은 나무 젓가락의 까칠한 느낌을 뒤로 하고, 묵직한 실버 커트러리도 사용할 준비가 되었다면 멋진 테이블 내비게이터다. 예술을 매 끼니 입에 넣을 자격이 있을 정도로.

● 졸린 눈 비비며 마주한 아침상 위로 햇살을 머금고 반짝반짝 빛나던 숟가락과 젓가락이 떠오른다. 어머니가 정성껏 지으신 윤기 나는 밥과 맑은 국 옆으로 숟가락과 젓가락이 유난히 빛나는 날이면 그날따라 밥상에서는 왠지 모를 힘찬 기운이 느껴졌다. 그 때는 그 이유를 알 수 없었지만. 그저 반짝반짝 야무지게 닦인 숟가락을 보며 '참 앙칼지기도(?) 하지' 하고 소리 없이 되뇌기만 했을 뿐. 푸드 스타일링을 업으로 삼은 지금에야 그 날의 아침상에서 빛나던 숟가락과 젓가락이 테이블 위에서 얼마나 강력한 힘을 지니고 있는지 알게 됐다. 포크와 나이프가 지닌 놀라운 힘을 어떻게 테이블로 끌어오느냐가 테이블 연출의 관건이라는 사실도 매순간 경험하고 있다.
식탁의 분위기 메이커인 숟가락, 젓가락, 포크, 나이프 같은 식사 도구들을 통틀어 커트러리(cutlery)라고 한다. 그러니까 손에 쥐고 음식을 입으로 옮기는 모든 것인 셈이다. 하지만, 서양의 식탁에서 포크를 사용하게 된 것은 17세기가 다 돼서였다. 손으로 음식을 먹는 것을 상스럽게 여겨 금했던 우리와 달리 서양에서는 신이 내려준 몸 이외의 다른 도구를 사용하여 음식을 먹는 것은 신에 대한 거스름이라 여겼기 때문이었다. 이러던 것이 16세기 피렌체 메디치 가문의 공녀 카트린느(Catherine de' Medici)가 프랑스 국왕 앙리 2세와의 결혼식 때 혼수품으로 나이프와 포크를 가져간 것을 계기로, 상류층을 중심으로 점차 포크와 그 밖의 커트러리 등을 사용하기 시작한 것이다. 그리하여 17세기 유럽에서는 커트러리에 가문을 상징하는 문양을 새겨 대물림하거나, 결혼할 때 신부의 혼례품으로 커트러리를 준비했다고 한다. 커트러리로 집안의 격식을 표현했던 것이다. 요즘에도 고급 테이블 웨어 숍에 가 보면 왕족이나 귀족 가문의 디자인이 이어져 내려온 커트러리를 찾아볼 수 있다.

● 커트러리는 기본적으로 개인 아이템과 서비스 아이템으로 나뉜다. 나이프·포크·테이블 스푼·케이크 포크가 개인 아이템, 서버와 레이들·케이크 서버가 서비스 아이템이다. 이것들은 손잡이 부분의 모양에 따라 이름이 붙여지며, 소재로는 순은과 은 도금, 스테인리스 등이 있다. 순은 제품을 실버 웨어(silver ware)라 하여 가장 고급스러운 커트러리로 생각한다. 은으로 만든 것은 깊이가 있고 광택이 좋지만, 고가일 뿐 아니라 손질을 게을리 하면 색이 변하는 단점이 있다. 은 도금 제품(silver plate)은 순은과 비슷한 광택과 질감을 지니며 손질도 비교적 간단하다. 스테인리스(stainless) 제품은 흠이 잘 나지 않는 것이 장점이지만, 고급스러운 분위기를 내기는 어렵다.
이 밖에 금속 소재를 피해야 하는 채소 샐러드에는 목재 커트러

리를 사용하는 것이 일반적인데, 이유는 금속에 비해 채소 표면의 영양소 파괴가 적기 때문이다. 또 금속이면 그 섬세한 입자가 찌그러져 버리는 캐비아는 조개로 만든 전용 스푼을 사용하기도 한다.

● 커트러리는 모양에 따라 용도가 다르다. 나이프는 육류용과 생선용으로 구분되는데, 육류용은 고기를 자르기 쉽도록 칼날이 톱니 모양으로 되어 있다. 생선용은 육류용보다 크기가 작고 칼날이 넓은데, 이는 자를 때 생선살이 흐트러지지 않게 하기 위해서다. 생선용 나이프는 칼날의 한쪽 부분이 움푹 들어가 있는 것도 있다. 포크도 요리에 따라 모양이 다른 것을 사용한다. 샐러드 포크는 고기나 생선 요리를 먹을 때 사용하는 테이블 포크에 비해 폭이 넓은데, 이는 채소가 미끄러지는 것을 막기 위해서다. 커트러리는 테이블 위의 격식을 위해서만 존재하는 불편한 도구가 아니라 사용하는 사람이 편리하게 음식을 먹도록 도와주는 친절한 조력자인 셈이다.

하지만, 여행지에서처럼 커트러리를 꼼꼼하게 준비할 수 없는 경우라면 현지에서 자유롭게 커트러리를 선택하여 돋보이는 테이블 스타일링을 하는 것도 좋겠다. 산을 오르다가 넓적한 돌을 발견했다면, 그 돌을 깨끗이 씻어 달군 다음 거기에 고기를 구워 보자. 그런 식사에는, 근처에 삐죽삐죽 자라는 나뭇가지를 꺾어 만든 길이와 굵기가 제멋대로인 젓가락이 제격이다. 이런 밥상이 더해진다면 여행은 더욱 즐거워질 것이고 그 추억도 더욱 흐뭇해질 것이다. 테이블에서 여행 중의 낯섦과 불편함까지 고스란히 맛볼 수 있을 테니 그 기억은 참으로 오래 남을 것이다.

● 아침상이든 저녁상이든, 그 곳이 내 집이건 남의 집이건, 훌륭한 재료와 야무진 솜씨로 만든 맛난 음식은 어울리는 접시에 담겨 있을 때 그 먹음직함이 곱절이 된다. 그 접시 옆에 가지런히 놓인 커트러리에 따라 그 먹음직스러움은 두 배, 세 배가 될 수 있음은 당연한 일. 그래서 나는 서랍에 가득 담겨 있는 커트러리를 두고도 숍에 갈 때마다 커트러리 코너를 기웃대고 욕심에 또 다른 커트러리를 사 모은다.

나는 오늘도 스타일링하는 테이블 앞에서 커트러리를 만지작거리며 쉽게 자리를 떠나지 못한다. 음식에, 그릇에, 주변 인테리어에 어울리는 커트러리를 고르느라 고심한다. 그 신중한 모습이 면접을 앞두고 차려 입은 정장에 어울린 타이를 고르느라 거울 앞을 떠날 줄 모르는 사회 초년생 같아 나도 모르게 피식 웃음이 난다.

rainy day

그 녀석의 이름은 여름

장난도 변덕도 보통이 아니다. 시원한 맛 뜨거운 맛 다 보여 준다. 잠시도 가만히 있질 않는다. 사람을 금세 지치게 하고, 또 신나게도 한다. 방학처럼 기다려지고 또 금세 지나가 버리는, 그 녀석의 이름은 여름이다.

그린 티 아이스크림 ● 강원 강릉

뜨거운 아이스크림 맛 좀 볼 테야?

보기만 해도 덥다. 달아오를 듯 벌겋게 녹슨 지붕에 한창 물기 오른 여름 담쟁이. 무얼 찾아 그리 손을 뻗는지, 안쓰럽기까지 하다. 한 시간 거리의 아이스크림 가게에서 실어 나른 녹차 아이스크림 한 덩이를 양철 지붕 위에 답뿍 올려 놓는다. 녹을까 무서워 놋쇠 스쿠퍼 그대로 급히 얹어 대접한다. "그래, 시원하다, 맛 난다, 잘했다." 너무 더웠는지 환청이 들리는 듯….

37

이렇게 멋진 지붕이 있을 줄이야! 야심 차게 감춰 둔 놋쇠 스쿠퍼(아이스크림 푸는 국자 따위)가 빛을 발하는 순간이다. 1시간 넘는 거리를 아이스크림이 녹지 않게 나르느라 정작 사람은 비지땀을 쏟아 낸다. 어쨌든 담쟁이 넝쿨이랑 양철 지붕도 꽤 시원한 모습이 됐다.

where 무작정 찾아가는 옛날 친구 강원도 강릉 특별한 준비 없이 그저 '바다가 보고 싶다'는 마음만으로 떠나곤 했던 강릉. 하지만, 경포대 해수욕장만 보고 돌아서기에는 너무나 볼거리가 많다는 사실을 아는지. 정동진, 옥계로 이어지는 예술의 7번 국도 드라이브 코스가 있고, 신사임당과 율곡 이이의 오죽헌도 볼거리다. 정동진에 위치한 복합 문화 예술 공간인 '하슬라 아트월드(033-644-9411)' 역시 빼놓을 수 없다. 요즘은 밤에 경포호에 뜬 달을 구경하는 것이 아니라 강릉 신도시인 교동으로 나가 젊음의 밤거리를 즐기는 것이 유행이라고, 교동 한가운데 진짜 물 좋은(?) '바스키아 나이트클럽'이 오픈했기 때문이라는데…. ●
영동 고속 도로 강릉 IC를 나와서 강릉대학교 앞 삼거리에서 경포대 빙면으로 우회전하면 경포대 해수욕장을 만날 수 있다. 강릉으로 가는 열차는 물론, 고속 버스, 시외 버스도 수시로 있다. 강릉시청 관광개발과 033-640-5422 www.gntour.go.kr

코코넛 생 크림 파스타 ● 안면도

food @ travel

38

풀숲에서 숨바꼭질

풀 밟는 소리만 내지 않으면
잡풀 우거진 풀숲이 숨기에 제일이다.
웃자란 여름 막풀은
더위도 숨어 가는
은신처로 유명하지 않은가.

자연의 맛과 닮은 음식을 자연스러운 모습으로 선보이고 싶다. 베이컨을 넣은 크림 파스타에 코코넛 향을 더했다. 풀 냄새 속에 어우러져야 제대로 완성이다. 안면도의 마구 자란 잡풀 사이에서 꽤 원초적인 모습과 냄새를 지닌, 진짜 파스타를 맛볼 수 있었다.

빠끔빠끔. 늘 열심히 말하는데도 입 모양뿐이다.
금붕어 녀석이 하고 싶은 말,
같이 사는 일 년 내내 하려 했던 말,
무엇이었을까.
작고 동그란 어항에 담아 함께 떠난 여행에서야
난 독순술(讀脣術)을 익힌다.
"바·다·로·돌·려·보·내·줘!"
수돗물에서 자란
녀석이 꿈꾸는 바다는 어떤 맛일까.

바다로 가는 길

39

유기농 야채 샐러드 ● 제주 우도
rainy day

그 금붕어의 이름은 '독종'이다. 언젠가 테이블 세팅 소품으로 두 마리를 샀는데, 유독 이 녀석만 1년 가까이 끈질기게 살아 남았다. '곧 죽겠지' 싶어 물도 잘 갈아 주지도 않았고, 때 맞춰 밥을 주지도 않았으며, 심지어 땡볕 아래 두고 긴 출장을 다녀오기도 했다. 그러다 차츰 원래 이름은 제쳐 두고 '독종'으로 부르기 시작했다. 그 끈질긴 생명력이 하도 특특해서, 녀석과의 동거 1주년을 기념할 겸 우도에 어렵사리 데리고 갔다. 비행기를 탄 여독이 굉장했던지 여행이 끝나자마자 독종은 세상을 떠났다. 바다를 보고 나서 바다로 간 걸까? 아직도 발코니 화분 안에 조용히 묻혀 있는, 내 친구 독종과의 처음이자 마지막 여행 이야기다.

where 산호 모래가 하얗게 반겨 주는 곳 제주도 북제주군 우도 성산포에서 바라보이는 모습이 마치 소가 누워 있는 모습 같다. 머리부터 꼬리까지 길쭉한 모양이 누가 '저게 우도다'라고 말해 주지 않아도 금세 알아볼 수 있을 정도. 제주도의 부속 섬 가운데 가장 큰 섬이다. '소섬바라기'라는 카페에서 자전거를 빌려 주는데 2시간 정도면 우도를 다 돌아볼 수 있다. 경사가 완만하고 풍경이 아기자기해서 영화나 광고 촬영지로 자주 이용된다. 산호가 부서져 만들어진 산호사가 지천에 깔려 있는데, 그 하얗고 반짝이는 모습은 말 그대로 백사장(白沙場)이라는 이름에 딱 맞는다. 파도가 높을 땐 다금바리처럼 맛있고 값비싼 물고기를 낚는 행운을 잡을 수 있을지도 모른다. ● 성산포항에서 뱃길로 15분. 1시간에 1척을 운항하며 차도 선적할 수 있다. 우도 면사무소 064-783-0004

40

하양과 빨강에 대한 오해와 진실

눈밭처럼 곱고 하얀 백사장이지만
느낌은 정 반대다.
까끌까끌하고 뜨뜻한 것이 발바닥을 홀랑 델 것 같다.
아이스 박스 속에 정성껏 넣어 온
뻘건 수박 한 덩이가
눈도 몸도 분위기도 단번에 식혀 버린다.

비가 온 후 강가에 나가 봤더니, 뉴멕시코에서나 볼 수 있을 법한 하얀 모래밭이 펼쳐져 있었다. 드러난 햇살에 바짝 마른 나뭇가지가 이국적인 느낌을 더해 줬다. 원래는 토마토를 많이 이용하지만 이번엔 수박이다. 물이 많아 아삭한 수박에 고소한 모차렐라 치즈를 얹으니 어디서도 볼 수 없는 간식이 완성됐다.
where 낙동강과 금호강의 정기가 고이다 팔공산 갓바위 예부터 명산이라고 불려 온 팔공산은 그 모습이 마치 부처님을 닮았다고 해서 신비를 더해 왔다. 그 뿜어나오는 카리스마란, 대구 시티 투어 버스 코스에도 들어 있을 정도로 유명한 갓바위에는 관봉 석조 여래 좌상이 새겨져 있는데 이 석불에 소원을 빌려는 불자들의 발길이 하루도 끊이지 않는다. 팔공산은 해발 1,193m의 높은 산인 데다 원효사, 천성사, 불굴사 등 고찰이 많아 영산으로서의 신비감이 더하다. 등산로도 다양하고 외진 곳이 많아 호젓한 산행을 즐기기에도 좋다. 와촌면 대한리에서 출발해 선본사, 갓바위, 노적봉, 선본재, 인봉, 중암암, 묘봉암, 은해사를 잇는 6.5km 구간이 대표적인 등산 코스다. ● 경부 고속 도로 경산 IC에서 빠져나와 하양, 와촌 방면으로 향하면 팔공산에 닿을 수 있다. 팔공산 자연 공원 갓바위 관리실 053-983-8586 팔공산 도립 공원 gbpalgong.go.kr

food @ travel

모차렐라를 올린 수박 ● 대구
rainy day

41

정오, 강렬하게 배가 고플 때

해가 딱 머리 위에 있는 시간, 정오.
진공 상태처럼 바람도 없고
인적도 없는 외진 곳에서
부스럭부스럭 종이에 무언가를 꺼내
먹어야 할, 먹어도 되는 타이밍이다.

곡기도, 야채도, 고기도 풍부한 화이타. 샌드위치보다 목도 덜 메고 먹기에도 편하다. 폐쇄적이고 외로운 공간을 떠다니고 있다 느껴질 때, 이렇게 간단하지만 꽤 센스 있는 음식을 먹으면 서러움(?)도 덜하고, 궁상맞음도 덜하다.

where 그들이 서해로 가는 까닭은 충청남도 태안 해안 국립 공원 누구나 동해의 짙푸른 물결을 꿈꿀 때 서해를 떠올릴 수 있는 여유와 이유가 있다면, 그것은 단 하나, 바로 태안군의 해안 때문일 것이다. 안면도를 합쳐 태안반도 주변의 130여 개의 섬으로 구성된 태안 해안 국립 공원은 동해안과는 다르게 다이내믹하다. 오랜 침식으로 만들어진 섬세한 해안선과 먹이를 구하는 바닷새의 날갯짓은 가히 환상적이다. 갯벌, 모래사장, 바위섬, 따뜻한 바닷물, 완만한 경사, 다양한 먹거리, 소나무 숲을 모두 가진 태안의 해수욕장에서 더 이상 바랄 게 무엇이랴. 안면도 쪽의 몽산포 해수욕장은 특히 울창한 소나무 숲과 깨끗한 갯벌로 더욱 아늑하다. ● 서해안 고속 도로를 타고 서산 IC에서 빠져 32번 국도로 진입한다. 서산 시내를 관통하면 태안군에 접근할 수 있다. 경부 고속 도로를 이용할 경우 수원 IC에서 아산만, 당진을 지나 태안에 닿을 수 있다. 태안 해안 관리 사무소 041-672-9737, 7267 www.npa.or.kr/taean

그릴 치킨 화이타 ● 충남 태안
rainy day

세 가지 색 과일 비드 ● 강원 정선 아우라지

먹어도 되나, 참아야 하나?

꽃보다 더 예쁜 여름 열매들. 줄줄이 꿰어 햇살을 가려 본다.
구슬보다 예쁘고 발보다 시원하다.
먹고도 싶고 그냥 두고 보고만도 싶고.

정선 아우라지에 짙푸르고 원초적인 숲이 있다는 정보를 입수하고 찾아 나섰다. 보석보다 생생한 자연이 빛깔과 모양으로 숲을 위해 늘어뜨리는 이 스크린은 나만의 설치 작품, 이 여름과 숲을 위한 퍼포먼스다. 화려하게 꾸미려는 마음에 부풀어 손에 체리 물이 들고 바늘에 찔리며 고생을 했지만, 척 걸쳐 놓고 보니 뿌듯하다. 먹기 아까워서 바라만 보고 있었더니, 금세 말라 비틀어져 버렸다. 역시 음식은 먹어야 섭섭하지 않다.
where 두 물길이 만나 아리랑, 아라리요 강원도 정선군 아우라지 평창에서 오는 구절리의 송천과 삼척에서 오는 임계의 골지천이 만나 어우러진 곳이 아우라지다. 정선읍으로부터 약 20km 떨어진 곳에 있는 아우라지는 고양산, 옥갑산, 상원산, 왕재산 등이 빙 둘러싸고 있어 무척 아늑하고 고요한 느낌이다. 옛날에 목재를 물길 따라 운반하던 뗏목 터가 있었기 때문에 헤어진 정인들의 애절한 마음이 노래에 담겨 전해졌다. 그게 바로 아리랑이다. 아직도 겨울이면 얼어붙은 물을 건너기 위한 섶다리가 애잔한 풍경을 만들어 낸다. ● 영동 고속 도로에서 새말 휴게소 지나 42번 국도로 갈아탄 다음 정선읍에서 여량 쪽으로 20km쯤 가면 아우라지에 닿을 수 있다. 하진부 IC에서 빠져나와 59번 국도를 이용하다가 42번 국도로 들어가도 된다. 정선군 북면사무소 033-562-4301 정선군 www.jeongseon.go.kr

43

버스 정거장에는 여름이 일찍 온다

해 본 사람만 안다. 먼지 풀풀 나는 8차선 대로, 중앙 차선의 정거장에서 버스를 기다리는 것.
맨홀 속에 머리를 밀어 넣고 있는 기분이랄까.
바다를 분양 받을 수만 있다면 바로 여기, 버스 정거장에 '쏴아—' 깔아 두고 싶다.

흑미 리조토를 넣은 오골계 구이 ● 서울 종로
rainy day

청량감을 주는 파란색에 모던한 검은색을 더하면 차갑다 못해 냉철한 분위기마저 묻어난다. 도회적 차가움이랄까. 하지만 현실의 도시는 차가우면서도 동시에 답답한, 사방이 갇힌 섬이다. 이 나라의 대도시에서 제일 덥고 답답한 열섬―바로 정거장에 청량함을 더하고 싶었다. 재봉틀을 개조한 낡은 철제 테이블에 어렵사리 구한 비닐 우산이 독특하면서도 차가운 느낌을 남는다. 게다가 여름 보양 대표 음식 닭, 그것도 오골계를 테이블의 주인공으로 삼으니, 이쯤이면 혼돈과 소음이 가득한 여름 도시 한 복판에서 오지 않는 버스를 기다리는 순간도 근사하고 짜릿한 일탈로 변하지 않을까. 종로 한복판에서 경찰관의 제재(?)를 받아 가며 우리는 마법의 식탁을 차린다. 아, 그러고 보니 경찰관의 제복도 딥 블루였지?!

theme story 3 *party

파티가 나를 원하게 하지 말고, 내가 파티를 원하게 하라

각설하고, 파티는 즐거운 것이다. 신나는 것이다. 이것을 진리라고 믿어 온 내게 '파티 플래너'라는 또 하나의 직업은 언젠가 반드시 해야 할 숙제처럼 여겨졌다. 그것도 제일 잘할 수 있으니까 빨리 시작하고 싶은 숙제로 말이다. 그런데 파티를 즐기는 사람에서 즐거운 파티를 만드는 사람으로 거듭나기 위해, 나는 알고 싶지 않았던 많은 것을 알아야만 했다. 충격적인 것은, 사람들에게—그것도 생각보다 많은 사람들에게—파티는 즐거움이 아니라 부담이라는 것이다. 명절날이나 잔칫날쯤으로 여겼던 내 생각이 오해였던 것일까. 아니면, 즐기는 것이 아니라 남을 즐겁게 해줘야 한다는 숙제가 파티 플래너의 것만이 아니라 파티 참석자 모두의 숙제인 걸까. 내가 즐거워야 남도 즐겁다는 사실을, 어떻게 이해시켜야 할지 모르겠다. 오늘도 화려하면서 진실하고, 낯설면서도 편안한 파티 초대장을 만들기 위한 고민은 계속된다.

party

● 낯설고 두렵지만 쳐다보고 싶고 친해지고 싶은 전학생. 딱 그런 느낌이 파티가 아닐까 싶다. 좋은 건지, 싫은 건지 모르겠지만 무척이나 궁금한 것, 부담되지만 딱히 싫지만은 않은 느낌 말이다. 파티라는 이름 때문인 것 같다. 근사한 검은색 드레스를 입어야 할 것 같고, 꼬부랑 영어를 해야 할 것만 같고, 명품 라벨이 붙은 옷을 사 입어야 할 것만 같은 기분은. 자주 보는 사람들, 자주 가는 술집인데도 불구하고 '파티'라는 이름이 붙으면 매일 입는 낡은 청바지와 캔버스 슈즈가 구질구질하게 느껴지는 이 배반감을 어쩌면 좋단 말인가. 그래서 난 어떨 때는 파티라는 이름을 굳이 쓰고 싶지 않다. 파티에 익숙한 사람들은 파티라는 이름이 붙어도 별 부담을 느끼지 않는 모양이지만, 파티에 익숙하지 않거나 기대가 많은 사람은 오히려 파티를 무서워하고, 준비하고, 또 이런저런 핑계를 대며 피하기까지 한다. 잔치나 모임이나, 초대나, 식사나, 만남이나, 뭐 아무래도 좋다. 모여서 이야기하고 또 즐길 수 있다면 그게 파티니까. 그렇지만, 파티만큼 '파티'를 잘 표현할 수 있는 어감의 말을 만나기란 쉬운 게 아니어서 아직 이를 대신할 만한 말을 찾진 못했다. 굳이 다른 이름을 갖다 붙여도 초대 받는 입장에서는 '파티'라고 생각하고, 드레스 코드나 어떤 파티 고어(party goer: 파티가 열리는 곳이면 어디든 가는 파티 마니아)가 참석하는지 물어 오곤 한다.

● 파티에 대한 오해부터 풀었으면 좋겠다. 결론부터 말하자면, 우리는 영화나 드라마를 너무 많이 본 것 같다. 심지어는 그렇게 살고 싶어 연기를 하고 있는 게 아닐까. 파티는 드라마 〈섹스 앤드 더 시티(sex and the city)〉를 통해 우리 생활에 침투한 게 아니다. 아마도 수렵 생활을 했던 원시 시대에도 파티가 있었을 것이다. 그들이 무엇으로 불렀건 간에, 파티는 분명히 있었다고 확신한다. 멧돼지를 잡았다는 기쁨을 모두 함께 나누기 위해 모여서 식사를 즐겼을 것이다. 조선 시대 궁중에서 열렸던 '연회'를 들먹이지 않더라도 정월 대보름이나 복날 같은 절기나 경사에 잔치가 열렸다는 것을 일일이 말해 무엇 할까. 돌 도끼로 멧돼지를 잡은 것이나 주목받는 예술가의 전시 오프닝이나 무엇이 다르단 말일까. 혼자만 알고 있기에는 너무나 기쁘고 또 의미 있는 일일 때 '모여서 이야기하고 즐기는 것'이 바로 파티다. 그래서 파티 플래닝을 또 하나의 주제로 살아가는 요즘, 나는 이 '의미 있는 일'의 의미를 파악하려고 많은 시간을 보낸다. 그래서 어떤 호스트(파티 주최자)가 '의미'에 대해 말해 주지 않고 '30명 정도가 먹고 즐길 수 있게 준비해 주세요'라는 전언만 남기면 당황하게 된다. 파티 플래닝은 음식 배달 서비스가 아닌데….

● 파티에서 음식이 아주 중요하기는 하다. 특히 우리 나라의 파티에서는 '간단한 음식'이란 쉽게 받아들여지지 않는다. 풍성하게 먹고 마시지 못한 파티는 '훌륭한 파티'로 기억에 남기 힘들다. 으레 대단한 뷔페와 모두 취하고도 남을 술이 준비되는 게 상식이다. 당연히 호스트는 풍요한 음식을 준비하기 위해 금전적, 심리적 부담을 느낀다. 음식이 파티 플래닝의 대부분이라고 생각하는 것이다. 푸드 스타일링을 하다가 자연스럽게 파티 플래닝을 겸업하게 되는 경우가 많은 것도 음식이 차지하는 자리가 그만큼 크기 때문이리라. 나 역시도 푸드 스타일리스트이자 파티 플래너긴 하지만, 어느 날은 이런 꿈을 꿔 본다. 아주 간단한 카나페와 과일 등을 준비하고, 취하지 않을 만큼의 칵테일로만 꾸미는 정갈한 파티를 의뢰받는 꿈 말이다. 물론 파티에 대한 생각이 바뀌고 있는 요즘엔 이런 파티가 자주 열리는 모양이지만, '거한 음식'이 준비되지 않는 작은 파티를 위해 전문 파티 플래너에게 도움을 청하는 호스트는 귀하다. 음식 말고도 파티 자체의 컨셉이나 공간에 대한 스타일링이나 진행 상황 등 내가 플래닝하고 싶은 분야는 무궁무진해서 늘 몸이 근질근질하다. '케이터링은 파티 플래닝의 한 부분일 뿐이라고요!'라고 대나무 숲이라도 가서 외치고 싶을 정도로.

● 사실, 파티 주최자보다는 참석자에게 하고 싶은 잔소리가 많다. 파티를 주최하는 사람들은 많이 세련되어지고, 자유로워지고, 또 색다른 무엇인가를 즐길 준비가 잘 돼 있다. 불과 몇 년 사이에 파티 관련 전문가가 늘어난 것만 봐도 파티 문화의 리더는 제 할 일을 열심히 하고 있다고 칭찬할 만하다. 파티에 참석하는 사람, 즉 파티의 수요자는 아직 파티를 제대로 받아들일 준비가 안 돼 있는 것 같다. 투자한 만큼 먹을 게 나와야 한다거나─오, 무슨 콘서트처럼 입장권을 판매하는 파티가 많은 현실이란!─스타 혹은 유명인이 참석해야만 괜찮은 파티라는 고정 관념 그리고 한 달 치 월급을 털어서라도 명품 슈트를 입어야 한다는 강박 관념은 파티라는 문화 자체보다 훨씬 강한 전파력을 가진 것 같다.

장황한 잔소리의 요점은 간단하다. 파티를 부담이 아니라 즐거운 이벤트로 받아들여 달라는 것. 당연하고, 모두 원하는데도 지키지 못하는, 이 간단한 파티의 가치는 언제쯤 우리의 초대에 응해 줄 것인가.

● 파티가 나를 원하는가, 내가 파티를 원하는가 혼란스러워질 때는 거울을 보자. 그리고 자신의 표정을 살펴라. 파티가 나를 불러 왔는지, 내가 파티를 찾아왔는지. 파티 플래너로서, 또 케이터링 매니저로서 파티에 참여하다 보면 주로 백 스테이지에서 그림자처럼 움직이게 되지만 파티를 즐기지 못하는 사람의 표정은 클로즈 업처럼 크게 확대돼 보인다. '나 집에 가고 싶어요! 아님, 누가 내게 말 좀 걸어주든가…' 라고 똑똑히 그 메시지를 읽을 수 있을 정도다. 백 스테이지에 있는 내가 읽을 정도의 메시지를 스스로 읽지 못할 리 없다.

자기 자신의 표정이 맘에 들지 않을 때, '파티의 혼잣말' 요법을 권한다. 물론 다른 사람에게는 들리지 않게 혼자만의 목소리로. '오늘의 파티는 누가 주인공이지? 오, 저기 파티 호스트인 ○○○이 보이네. 가서 내가 왔다는 걸 알려야지. 오늘 파티 참석자는 누구누구? 앗, 저기 내가 그토록 만나고 싶었던 그가 왔군. 오랫동안 보지 못했던 그녀도 왔네. 가서 반갑게 말을 걸어야지. 최근 직장을 옮겼다는 것도 말해 줘야겠군. 그러고 보니 오늘은 카나페가 다양하네. 한 번에 한 개씩 모두 맛보는 게 목표! 이렇게 다양한 음식을 모두 맛볼 수 있다니 정말 근사한 파티네' 라고 말이다.

여행을 하면서 많이 하는 말 가운데 하나가 "여기, 전에 와 본 것 같아!"일 것이다. 우리 나라는 서울 벗어나면 다 비슷비슷한 풍경이라고도 말한다. 처음엔 낯설지 않은 풍경이 시시하기도 하다. 그러나 조금만 가다 보면, 친숙하고 다정한 풍경을 어디서나 만날 수 있다는 것에 안도감을 느끼게 된다. 처음 맛보는 음식의 독특한 첫맛 뒤에 한결같은 원재료의 맛이 배어날 때처럼. 언제나 결론이 그렇듯, 자극보다는 순한 게 좋은 법이다.

memories

예전에
한번 와 본 것 같은
기억

감자 라이스 크로켓 ● 강원도 태백

길을 나서 혼자가 될 때면 빚을 갚기 시작한다. 갑자기 기억 속에 달려드는 얼굴들 때문이다. 일상에선 까맣게 잘도 잊고 살았는데 이상하게 가방만 둘러매면 밀린 빚 받으러 몰려드는 빚쟁이처럼 얼굴들이 줄줄이 떠오른다. 전화하기로 했었지, 잘 지내고 있나, 고맙다고 말하려고 했는데 까맣게 잊고 말았네…. 웬일인지 휴대 전화로는 미안한 마음이다. 문자 메시지라면 좀 나을까 생각하던 차, 낡은 나무 부스 안의 쓸쓸한 공중 전화 발견! 하지 못했던 말도 다 할 수 있을 것만 같고, 미처 하지 못할 말도 낡은 공중 전화 위에 남겨 놓을 수 있을 것만 같으니까, 너 참 잘 만났다.

동전 있으면, 내놔 봐!

44

무엇인가를 '남겨 두고' 온다는 느낌은 어떤 것일까. 공중 전화 위에 도시락(?)을 얹었다. 감자와 밥으로, 조금 목이 꽉 메는 주먹밥. 퍽퍽한 밥을 탓하며 목메는 소리로 전화를 걸어도 좋을 것 같아서. 낡은 공중 전화 부스 옆의 낡은 '구멍 가게'에서 감자 주먹밥과 닮은 그리운 물건을 만나는 행운도 얻을 수 있었다.
where 10년이면 강산도 변한다지만 이 곳은 변함없다 강원도 태백 '구멍가게'와 '문방구'와 '라면땅'이 여전히 먼지를 뒤집어쓴 채 숨죽이고 있는 곳. 바로 태백이다. 한강의 발원지인 검룡소와 낙동강의 발원지인 황지 연못이 있어, 변하지 않는 근간과 기원의 땅으로 다가온다. 삼척, 영월, 봉화와 맞닿은 태백은 강원도의 오랜 도시 가운데서도 가장 강원도다운 투박함이 살아 있다. 태백의 기운이 강하고 거친 까닭은 영산인 태백산이 우뚝 솟아 있기 때문일 터. 웅장하지만 도도함보다는 후덕하고 부드러운 기운으로 등산객을 안아 준다. 봄에는 철쭉이, 여름에는 찬 계곡물이 사람을 반겨 주며 맑은 날에는 새벽 안개 사이로 웅장하게 솟아오르는 일출을 선사한다. ● 버스는 수시로 있는 편. 자가용을 이용한다면 영동 고속 도로 남원주 IC에서 중앙 고속 도로를 타다가 제천IC에서 빠져나와 영월 방면으로 직진하면 된다. 31번 국도 상동을 지나면 태백시가 나온다. 태백시청 문화관광과 033-550 2085 www.taebaek.go.kr

야트막한 개울에 뭔가 둥실 떠내려간다. 저게 뭘까, 눈을 크게 뜨고 보면 어느새 저만치 아래까지 갔다. 바닥 돌도 제 머리를 드러낼 정도로 여린 개울인가 싶었는데, 물살은 꽤 빠른가 보다. 개울 건너편 구경 가려던 마음을 고쳐 먹고, 반반한 바윗돌에 앉아 탁족이나 하는 게 나을 듯.

시간이 졸졸 떠내려갑니다

45

투명한 것도 좋다. 탁한 것도 좋다. 그러나 반투명한 것에야말로 신비로운 매력이 있다. 원래 인생의 모든 비밀은 반투명인 법. 게다가 빛깔도 띨 수 있다는 유연함이 여름을 더욱 생기 있게 만들어 준다. 안이 들여다 보이지만 색깔 있는 개울물에 반투명 텀블러를 나란히 띄워 본다. 나무 트레이에 담아서 말이다.

텀블러 세팅 ● 강원 정선 아우라지

덤불에 메추리알 ● 강원 삼척

흙이랑 물이랑 굽이치고 흐르다가 생명을 만들고….
아마 처음이 이랬을 거다.
떠내려 온 나뭇가지를 둥지 삼아
새로운 생명이 태어난다.
도대체 어떤 아기가 태어날지 궁금하다.
똑똑, 누구세요,
그 알 안에 계신 분?

아마, 너와 나의 처음도 이랬을 거야

먹는 것은 생명과 직결된다. 어떠한 형태로든 생명이 있던 것을 먹게 된다는 말이다. 먹을 것을 생명으로 대할 수 있는 독특한 만남은 여행이 가져다 주는 또 하나의 선물이다.
where 한 발짝 더 가까이에서 느끼는 다큐멘터리 강원도 삼척 7번 국도의 꽃. 강릉 경포대가 아니라 삼척의 오래된 포구라는 데 이의를 제기할 텐가. 늙은 어부의 터진 손가락과 괭이갈매기의 표독스러움이 묘한 조화를 이뤄내는 삼척의 아름다움은 '포구 기행'이라는 테마로 각인된다. 동쪽으로는 짙푸른 동해, 서쪽으로는 험준한 태백산맥을 끼고 있는 척박한 땅. 그러나 강하고 질긴 '강원도의 힘'이 흘러넘치는 곳이다. 맹방 해수욕장, 삼척 해수욕장 등이 여전히 아담한 어촌의 분위기를 자아내고 있다. 물도 맑고 모래톱도 보드랍다. ● 경부 고속 도로를 이용할 경우 신갈 IC에서 강릉 방면 영동 고속 도로를 이용한다. 강릉 IC에서 다시 동해 고속 도로를 타고 동해 TG를 지나 삼척으로 진입한다. 중부 고속 도로를 이용할 경우는 호법 IC에서 강릉 방면으로, 영동 고속 도로로 진입한 경우에는 동해 고속 도로로 갈아타면 된다. 삼척시 관광개발과 033-573-4096 tour.samcheok.go.kr

기념 사진

기념 사진, 어디 가든
한 장쯤 남겨 두는 게 좋다.
커다란 푯말 아래서
차렷 자세로 찍는다고
누가 뭐랄 것도 없으니까 말이다.
이왕이면 이 다음에 들여다볼 때
'아, 여기가 어디어디였지!' 하고
추억을 줄줄이 물고 들어와 줄
그런 사진을 찍어 보자.
암호로 가득해서,
완전 헛 짚을지도 모르지만,
기억은 자고로
그렇게 착오와 버무려져야
더 맛이 나는 법.

퀴즈치고는 너무 쉬운 퀴즈다. 우리 나라에서 이렇게 잘 자란 야자나무를 볼 수 있는 곳은 제주뿐이니까. 제주 공항이나 오름을 배경으로 찍는 기념 사진은 너무 흔해서, 이렇게 아열대 냄새 물씬 풍기는 제주를 남겨 보았지. 나무만 보이실지 모르겠지만, 이 순간에도 푸드 스타일리스트 모씨는 언젠가 즙이 가득한 야자 열매가 툭 떨어지기를 기대해 보며 찰칵.

야자나무 ● 제주

캐비아와 구운 생선 살 ● 서울 인사동

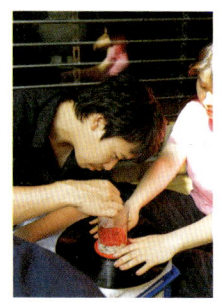 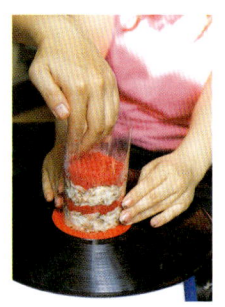  

48

추억도 재생되나요?

반가운 턴테이블. 후다닥 달려가 뭐라도 얹어 틀어 보고 싶은 심정이다. '춘천 가는 기차', '해변으로 가요', '삼포로 가는 길'…. 빙글빙글 도는 턴테이블에만 잘 올라 타도 앉아서 멀리 떠나는 건 식은 죽 먹기다.

낯선 서울을 만나고 싶을 때, 혹은 진짜 서울을 만나고 싶을 때 인사동으로 간다. 오래되고 예스런 곳이어서 변화가 없을 거리는 생각은 오산. 늘 새로운 옛것이 넘쳐나는 곳이다. 조금 생경한 것 같지만, 섬세한 손가락으로 바늘을 올려 놓던 턴테이블의 향수 가운데 하나는 나해하고 고고하게 느껴지던 음악이 아닐까. 그 정취를 더듬어 그럴씨한 에피타이저를 만들어 보았다.

오, 나의 여행 스케치

아무 계획 없이 떠나는 것도 좋지만, 치밀한 계획을 가지고 떠나는 것도 필요하다. 여행과 그 여행에서 만날 음식을 위한 여행 스케치. 생각대로, 계획대로 맞아떨어지는 경우는 좀처럼 드물지만!

49

     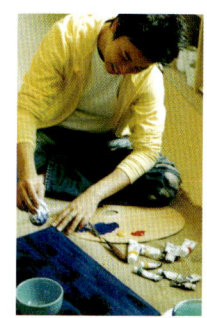

출사 전 섬네일 스케치 과정 ● 서울 혜화동 작업실

50

오후 4시, 빨래가 잘 마르고 있나, 옥상으로 올라간다. 한창의 햇살이 살짝 지났지만, 한여름 4시는 아직 땡볕이다. 물기 잔뜩 머금은 빨래는 어디론가 사라지고, 가벼운 날갯짓 한창이다. 빨래가 아니라 날개라며, 가벼워서 날아갈 것 같다며 훨훨 춤을 춘다. 무겁고 둔탁한 검은 초콜릿도 한여름 햇볕이 훨훨 날게 해 줄 것만 같다. 물기를 쪽 빼면, 욕심을 버리면 나는 것도 문제가 아니다. 끊임없이 변하는 것은 날 자격이 있다.

변화하는 것이 아름답다

달콤한 것은 가볍다. 가벼운 것은 날 수 있다! 이 '소년의 명제'를 실현하기 위해 고생을 감내해야 했다. '날아가는 초콜릿'을 만들기 위해 진탕 녹인 초콜릿을 가지고 니트(!)를 짜야 했으며, 빨래 집게가 이 얇은 니트를 해치지 않도록 줄에 매다는 순간에는 숨도 쉬지 말아야 했다. 한여름 오후 4시의 옥상에서 말이다.

로즈 초콜릿 ● 서울 혜화동

오렌지 소스를 곁들인 해물 냉 전채 ● 서울 선유도

51

네가 있어야 할 곳

껍데기라도 고향으로 보내 주고 싶었다. 빠끔빠끔, 물 속에서 물 밖을 꿈꾸었을 순수의 가리비. 물 밖으로 나오는 순간 속 빈 강정이 되었을, 백일몽의 희생자. 빈손으로 보내기는 민망한 심정에 꽃이라도 한 움큼 담아 주고 싶은데….

가리비 껍데기에는 단지 뼈라서 분리 수거가 되지 않는 쓰레기라고 하기에는 미안한 기품과 아름다움이 있다. 마치 맛있는 속살이 바다에서 뭍으로 타고 온 '배' 같은 느낌이랄까. 그래서 온 곳으로 돌려 보내 주기로 했다. 가볍고 깨끗한 해산물 샐러드를 담아 띄웠다. 생각만큼 간단하게 뜨지 않아 다른 나무 트레이를 사용해야 했지만, 공주 같은 하얀 가리비는 그런 '사치'가 더 잘 어울릴 법하다.

언제 제대로 본 적도 없는데, 원래 익숙한 것 같은 장면이 있다. 파란 하늘, 하얀 구름, 쭉 뻗은 초록 나무, 붉은 흙. 모양보다 색깔로 떠오르는 이런 풍경을 진짜로 맞닥뜨리게 되면! "거짓말 같아. 이렇게 예쁠 수가!"라는 말을 연발하게 된다. 진짜라고 생각했던 걸 진짜로 맞닥뜨리면 믿을 수 없게 되는 변덕이란 도대체….

52

거짓말 같은 아름다움

목장 풍경 ● 강원 내관령

쭉 뻗은 철로가 아깝게 느껴질 정도로 기차는 잘 오질 않는다. 지루한 마음에 마중을 나서 보는데, 저 앞 터널 안에서 하얀 연기 뿜으며 기차가 달려 나와 날 덮칠 것만 같다. 다시 기찻길 옆에 앉아 기차를 기다리면, 또 감감 무소식. 이것 참, 어쩌란 말이야.

녹슨 것은 정다워

보기에는 평온하고 아름다운 풍경이지만 파인더 뒷면엔 스태프들의 긴장감 흐르는 장면이 있었다. 한여름의 특이한 납량 특집이라고나 할까. 겁 많은 레일 워커 (rail walker)를 위해, 모두가 엎드려 철로에 귀를 대고선 저 멀리서 기차가 오는지 망을 봐 주고 있었던 것이다.
where 죽도록 그리우면 기차를 타라 강원 정선 꼬마 열차 정선 지도를 펴면 어디 하나 곧장 뻗을 길이 없다. 굽이굽이 산길 따라 구석구석 숨은 곳이니, 자연 여행자들도 숨 한 번 고르고 가야 하는 곳이다. 그래서일까, 유독 정선에는 그리움에 관한 이야기가 많다. 옛 왕조를 그리며 숨어 살았다는 고려 선비들의 마을 별어곡, 불어난 강물을 원망하며 동동 발 구르는 아우라지 처녀의 아라리 한탄, 폐광으로 기차마저 끊긴 구절리 마을까지…. 정선에는 도시화가 진행된 다른 지역에는 사라지고 없는 옛 모습이 많이 남아 있다. 정선 꼬마 열차를 타고 차창 밖으로 보이는 풍광을 따라 옛 생각에 잠겨 보자. 증산역에서 출발해, 별어곡과 선평역을 지나는 길의 소나무숲이 볼 만하고, 송월 터널을 지나 42번 국도와 나란히 달려 내리는 아우라지 역의 섶 다리 놓인 늦가을 아우라지 강변 운치가 제법 볼 만하다. ● 증산역 033-591-1069 jaehyun.netian.com

53

기찻길 억 ● 강원 정신신
memories

theme story 4 * **colors**

색깔 없는 음식이
어찌 맛깔 날 리 있으랴

지금까지 이 책을 읽어 온 독자라면, 내가 색에 특히 집착하는 것을 눈치챘을 것이다. 색은 내게 굉장히 중요한 테마이자 재료다. 푸드 스타일리스트라는 직업 자체가 실력 있는 조리사의 맛깔스런 솜씨에 화룡점정할 그 무엇, 바로 '눈으로 먹는 즐거움'을 덧입히는 것일 터. 그릇과 재료와 테마와 그것을 맛볼 행운아를 떠올린 뒤 색깔로 맛을 그린다. 나의 작업실이자 카페의 이름이 '이색공간(2 color space)'인 것도 모두 색의 중요성에 방점을 찍기 위해서다. 음식은 분명히 색으로 기억된다. 이제 맛보기 전에 눈으로 천천히 음식을 바라봐 주자. 그것의 색깔과 그것이 그려 내는 맛을 음미하는 유일한 방법이다. 식기 전에, 불기 전에, 향이 달아나기 전에 서두를 것!

colors

● 좋아하는 색을 냉큼 밝히고 나면, 그 색의 이미지로만 기억될 것 같아서 일부러 대답을 얼버무리곤 했던 기억이 있다. 아침에 눈을 떠서 잠자리에 들 때까지 온갖 색의 향연에 빠져 살지만, 아직도 나를 고스란히 표현해 줄 나만의 색깔을 발견하지 못한 탓이다. 사실, 따지고 보면 나는 어쩔 수 없는 색 마니아(이런, 어감이 나쁘잖아!)다. 테이블 세팅을 할 때나 파티를 기획할 때마다 그 날의 분위기나 음식, 사람들을 똑똑하게 대변해 줄 테마 컬러를 항상 정해 두기 때문이다. 나 자신도 그 날의 테마 컬러와 꼭 어울리는 의상을 선택해서 챙겨 입는 것은 물론이고. 그러다 보니 어느 한 가지 컬러에 내 마음을 쏙 내주기가 점점 힘들어지는 모양이다. 좋아하는 색이나 자신의 이미지를 표현해 줄 나만의 색깔을 정하는 데 한참 망설이는 것을 보면.

● 푸드 스타일링을 시작하면서 색깔이 지닌 위대한(?) 힘에 새삼 감탄을 하는 경우가 많다. 똑같은 음식이라도 그 음식의 맛과 분위기를 살려 주는 적절한 색깔을 찾아 더하면 음식이 한결 더 먹음직해 보이고 아름다워진다. 밋밋하기만 했던 소녀가 어느새 농염한 여신으로 변화하는 과정을 지켜보는 것 같다고나 할까. 똑같은 접시라도 색깔별로 구입을 해야 직성이 풀리는 이놈의 낭비벽(?)도 다 그 때문에 만들어진 것이다. 제 색깔만 찾으면 어떤 요리도 빛을 발할 수 있다는 것을 아는데 그깟 주머니 사정이 대수일까.

● 길 위에 요리를 담기 시작하면서 제일 신났던 것도 자연의 색을 마음껏 활용할 수 있다는 점이었다. 인간의 힘으로는 도저히 표현할 수 없는 나뭇잎의 미묘한 연둣빛이나 벚꽃의 더할 나위 없이 찬란한 분홍빛을 내 마음대로 쓸 수 있고, 아스팔트의 거친 회색 빛깔과 통통 튀는 노란 페인트 자국처럼 쉽게 구할 수 있으

면서도 쉽게 만들어 낼 수는 없는 전혀 새로운 색깔의 세계와도 인연을 맺게 되었다. 세상에 어떤 접시가 날씨에 따라 색이 변할 수 있단 말인가! 덕분에 색 마니아인 나는 원 없이 무한한 색깔에 대한 도전과 탐구, 유희를 마음껏 즐길 수 있었다. 또 그럴수록 나의 음식들도 한결 더 탐스럽게 빛을 발하기 시작했고.

● 그럼에도 불구하고 나만의 색깔이 없다는 점은 여전히 마음에 걸린다. 또다시 낯선 누군가를 만나면 "무슨 색을 좋아하세요?"라는 통과 의례적(?) 질문을 피할 수 없을 테니까. 그렇다고 한 가지 색을 고르자니 나머지 색깔들에 미안한 마음부터 드는 것도 문제다. 지금은 도저히 감을 잡지 못하지만 돌이켜 보면 지난날의 나를 표현할 만한 색깔이 전혀 없었던 것도 아닌데 말이다. 고흐에 빠져 있던 시절의 나는 어쩔 수 없이 온통 노란색으로 물들어 있었다. 고흐 특유의 노란 빛깔이 미치도록 좋았기 때문이다. 또 음식에 대한 열정이 막 불붙었을 무렵에는 빨간색 없이는 아무것도 못할 것만 같기도 했다.

● 결국, 본인은 인식하지 못하지만 저도 모르게 특정한 색이 나만의 이미지가 되는 순간이 반드시 있다. 그렇다면, 더 이상 색깔에 대한 질문을 두려워하지 않아도 되지 않을까. 나는 매순간 나만의 색깔을 분명하게 내비치고 있는 셈이다(눈에 보이지 않을 수도 있지만). 하지만 내가 좋아하는 색깔 하나를 찾기보다는 지금 이 순간 표현하고 싶은 색깔이 무엇인지를 똑똑히 아는 것이 더 현명할 수도 있다. 색이 나를 지배하는 것은 지독히 싫고, 나 스스로 나만의 색을 만들어서 뿜어내고 싶다. "지금 제일 좋아하는 색은 노란색이지만 곧 바뀔 거예요. 언제나 변화를 꿈꾸니까요"라고 대답해 버리면 괴짜라고 하려나.

'쌀통 안에 들어가 숨을래!', '여동생이 좋아하는 달 모양 빵에 이빨 자국을 내서 갖다 주고 싶어!', '엄마 몰래 친구들끼리 뗏목 타고 여행을 떠날 거야'. 생각할수록 웃음을 참을 수 없는 유치한 계획들. 말로 하면 유아기 퇴행이냐 비웃을 것 같아서 혼자 킬킬거린다. 이번에는 유치한 추억을 맘껏 떳떳하게 즐겨야지. 그리운 것을 그립다고 말하는 것에도 강단과 용기가 필요한 요즘이다.

innocent taste

유치할수록,
순수할수록,
어수룩할수록
뇌의 되새김질은
강해지게 마련

사과 ● 서울 관철동
food @ travel

그리움과 쓸쓸함의 잦은 오버랩

생각해 보면 그리 쓸쓸한 인생도 아니었는데, 이상하게 그리운 것을 떠올리면 쓸쓸한 이미지가 겹쳐진다. 늙어서 그런가 하고 피식 웃음을 웃으면 어느새 추억이 이만큼 다가와 있다. 엄마는 섬 그늘에 굴 따러 가고, 아이는 혼자 남아 집을 보는, 그런 풍경이.

머릿속에 떠올린 건, 〈천녀유혼〉의 왕조현이 옷자락을 바람에 날리는 것처럼 휘날리는 흰 옥양목 사이로 언뜻 엿보이는 붉은 사과다. 어린 날 이불 홑청이나 기저귀로 쓰이던 광목, 옥양목도 구하려 나서 보니 어찌나 귀한지. 바람이 나니는 사리도 옛날보나 줄었는지, 잘 날지도 않았다. 지극히 난순한 추억의 재현이라 생긱했는데, 그렇지 않있다. 바림이나 옥양목. 이린 게 귀한 세싱이라니.

innocent taste

비가 오면 생각나는 그 사람

한참 지난 유행가 가사가 아니라도, 비가 와서 생각나는 사람은 많다. 양말 벗고 고인 빗물에서 함께 장난치던 짝꿍. 내 수업이 끝날 때까지 2시간을 기다리던 두 학년 밑의 동생. 그리고 파랗고 반짝이던 비닐 우산을 들고 다녀 반 아이들의 놀림감이 됐던 그 아이. 지금 생각하면 잠자리 날개처럼 곱고 귀한 우산이었는데.

55

대나무를 길이로 쪼개어 우산살을 만들고 파란 비닐로 방수 천을 대신한 우산은 원숭이 두개골보다 구하기 힘든 소품이다! 어느새 대나무가 귀해지고, 수공예품이 귀해진 세상이니까. 혓바닥을 빨갛고 파랗게 물들이던 '아이스케키'도 '샤베트'도 더불어 나란히 귀해져서 그럴까, 친구를 떠올리게 하는 과일 셔벗이 파란 비닐 우산아래 더 달콤하고 시원하다.

블루베리 셔벗 ● 강원 태백
innocent taste

토마토 소스 홍합 스파게티 ● 서울 성북동

유기 화학 같은 것은 잘 모르지만 썩은 것이 다시 새것을 만들고 새것이 다시 썩어가는 건 순식간이다. 그 순식간을 조금 뒤죽박죽 만들면 '이래야만 옳다'라는 주장이 무색해진다. 폐허에 핀 한 송이 민들레, 늙은 광녀의 귀에 꽂힌 들꽃이 제일 꽃다워 보이는 건 다 이유가 있다.

주관적인 아주 주관적인 상대성 이론

56

폐허는 언제나 존경심을 강요한다. 폐허라는 단어 자체가 '망한 부자'의 꼿꼿함과, 또 그 내면의 처연함을 풍기기 때문일까. 지금은 낡고 곰팡이 슬고 아무도 없지만, 마치 신신한 도마토 소스의 스파게티 향기를 아직도 기억하는 듯한 자태인 것이다. 검고 푸르고 도톰한 곰팡이가 마치 벨벳처럼, 이국적이고 고급스럽기까지 하나. 이 사연의 김푸른 벨벳 페브릭 위에는 붉은 토마토가 제격이다, 암.

innocent taste

위화감을 위하여

'냄비 없이 라면 끓이는 법'의 노하우는 이 땅의 여행자라면, 젊은이라면 누구나 가지고 있겠지만, 스테인리스 식판까지 갖춘 이 식탁에 견줄 것인가. 사람 북적거리는 월미도 선착장에서 부러움을 한 몸에 받아가며 냄새를 피웠지. 이 사치스러운 기억은 아직도 또 다시 어깨를 들썩거리게 한다. 어쩔어쩔 바다에 빠질 것 같은 두려움도 부러움을 한 몸에 받는 기분보다는 덜 짜릿했다.

where 잠깐 바닷바람 쐬고 싶을 때 인천 월미도 서울 사람, 인천 사람이라면 한번쯤 안 가 본 사람 없다고 할 만큼 친숙한 곳이다. 700미터 남짓한 '월미도 문화의 거리'를 따라 걸으면, 야외 무대와 바다로 난 길이 하나 나온다. 크고 울퉁불퉁한 바윗돌 위에 쪼그려 앉아 바닷물에 손을 담가 보자. 바위 하나씩 차지하고 바다 낚시를 즐기는 사람들 사이사이 보이는 물장난하는 아이들의 대비가 경쾌하다. 문화의 거리를 사이에 두고 왼쪽에 바다가, 오른쪽에 카페와 횟집들이 있다. 제법 스릴 넘치는 바이킹과 타가디스코로 유명한 유원지도 있다. 바닷가 산책도 하고, 차도 마시고, 유람선, 놀이 기구까지 탈 수 있으니 가족 나들이나 데이트하기에 좋다. 또 저녁 노을이 유명한데, 일부러 시간 맞춰 기다렸다 보고 가기도 한다. 기다리는 김에, 영종도 유람선 타고 바닷바람 더 쐴까, 인천역 옆의 차이나 타운도 둘러볼까. ●대중 교통을 이용한다면, 지하철을 타는 것이 가장 빠르고 쉽다. 인천역에서 내려 월미도 종점 버스를 이용한다. 자가용이라면 경인 고속도로 종점에서 월미도 방향으로 가면 된다. 월미도 관광 안내소 032-765-4169 www.incheon.go.kr

오늘은 은식기에 특제 누들이다. 아무도 손대지 못하게, 딱 한 사람 먹을 만큼만 만든다. 대자연을 테이블 삼아 이 진수성찬을 차려 내니 반경 30m 안 누구라도 군침을 흘리며 부러워한다. 안면이 있거나 동행이 아닌 한, 국물도 없다. 빈민(?)끼리의 위화감이 더 무서운 법이다.

57

라면 김치 뽀글이 ● 인천 월미도
innocent taste

58

바다야, 미안해

이 세상, 이 시간 최고의 바다인 통영 앞바다. 힘 있는 파도와 눈부신 백사가 완벽 그 자체다. 이 멋진 포말은 가장 잘 됐던 카푸치노 우유 거품보다도, 최고급 블렌더를 써서 만들었던 생 크림보다도, 그 유명하다는 브로이 하우스의 맥주보다도, 신선한 달걀 흰자 거품보다도 더 멋지다! 이 멋대가리 없는 형상의 한계를 바다가 이해해 주길!

해산물과 신선한 야채를 곁들인 샐러드. 바다와 함께하는 음식치곤 평범한 것 같지만 당연하고, 또 자연스러운 결론이다. 밀려드는 포말에 대접하고 싶었던 해산물 샐러드. 대하, 갑오징어, 주꾸미 등 바다의 자식들이 가득 담겼다. 도시 한복판의 레스토랑에서 이런 샐러드를 만나거들랑, 그 바다로 떠나시라.

where 눈길 닿는 곳마다 섬과 산이 있는 곳 경상남도 통영 통영으로 떠날 때는 자동차를 가져가는 것이 좋겠다. 아름다운 해안 도로를 보고 나면 드라이브 하고픈 욕구가 끓어오를 것이 뻔하다. 하지만, 섬으로의 일탈을 꿈꾸는 사람에게는 자동차는 어딘지 짐스러울 수도 있겠다. 오비도, 비진도, 매물도, 욕지도 등 낯선 이름의 수줍은 섬들 또한 놓칠 수 없는 볼거리다. 아, 어디로 갈까 망설여지기 일쑤다. 해양 래프팅, 낚시, 요트, 스킨 스쿠버 등 신나는 해양 스포츠도 넘쳐난다. 청마 유치환이나 극작가 유치진, 〈꽃〉의 시인 김춘수와 〈토지〉의 작가 박경리, 음악가 윤이상 등이 모두 통영 출신인 것도 우연이 아닐 거라는 생각마저 들 정도. 발길 닿는 곳마다 푸른 바다와 초록빛 산이 펼쳐지니 누구라도 예술의 혼을 얻지 않을까. ● 서울에서는 대진 고속 도로를 이용한다 해도 꼬박 4시간 30분이 걸리는 먼 여행지다. 진주에서 남해 고속 도로를 타고 사천 방면으로 가서 다시 통영 가는 33번 국도를 타야 한다. 기차는 한 번에 가는 것이 없지만, 고속 버스나 시외 버스는 수시로 있단다. 통영군청 문화관광과 055-645-0101 tour.gnty.net

이탈리아식 해물 샐러드 ● 경남 통영
innocent taste

노을 속에서 와인 한 잔 ● 강릉 경포대

오늘의 할 일을 내일로 미루라

이 무슨 어불성설? 바른 생활에 반할 법한 이 문장은 노을이 가르쳐 준 인생의 지혜다. 오늘이 마지막인 것처럼 아름다운 노을이지만, 분명히 내일 저녁 무렵에도 찾아올 거라고. 보이건 보이지 않건 반드시 찾아온다고 말한다. 오늘이 마지막인 것처럼 안타까운 일도, 억울한 일도, 슬픈 일도 모두 내일로 미루라! 좋은 일일랑 모두 오늘로 당기고!

그림자 덕분입니다

잘나지도 않고 늘씬하지도 않은데 늘 과대평가를 서슴지 않는 친구가 있다. 곁에 있는지도 몰랐는데 말이다. 친구들이여, 더도 말고 덜도 말고 그림자만 같아라!

60

그림자 길게 지는 여름 노을을 기다렸다가 찍었다. 그릴 스타일 탁자 위에 스무디 그림자가 길게 늘어져 사선과 직선이 멋스럽게 교차하는 격자 무늬를 만들어 줬다. 해거름의 달콤한 스무디보다 더 달콤한 풍경이다.

food @ travel

바나나 초콜릿 스무디 ● 서울 혜화동
innocent taste

붉은색 컵 세팅 ● 서울 혜화동 작업실

이 도시에서 회색은 무색이나 다름없다. 가까이에서 보면 분명 회색이 아닌 것도 멀리서 보면 모두 회색에 삼켜져 버린다. 회색 괴물에 먹히지 않는 방법은 딱 하나. 한 발짝 더 가까이 다가서 눈을 가느다랗게 뜨고 '자세히' 보면 된다. 미립자 구조까지 샅샅이 들여다 보면, 기어이 다른 색깔이 보이겠지.

61

회색을 피하는 방법

theme story 5 * **shopping**

돈과 시간이 없다 탓하지 마세요
부족한 건, 남다른 감각뿐

food @ travel

"이 가게를 통째로 사고 싶다!" 내가 쇼핑 도중에 자주 하는 말이다. 동행의 핀잔을 들어 가며 이런 한탄을 뇌까릴 수밖에 없는 이유는, 물론 욕심의 범람 때문이다. 또, 물정 모르고 주책을 떨고야 마는 쇼퍼홀릭 기질 때문이다. 변명을 덧붙이자면, 물건 각각의 매력보다 그것이 디스플레이된 감각, 함께 있는 분위기의 감각을 함께 사고 싶기 때문이기도 하다. '멋진 자리에 놓인 멋진 물건'은 '멋진 물건'을 압도하는 매력이다. 사과 한 개를 사도 그것이 뿜어내는 신선한 기운을 덤으로 가져온다. 와인 한 병을 사도 먼지 쌓인 빈티지의 느낌을 기억한다. 다행히 감각은 무형이어서 기억으로, 혹은 디지털 이미지로 나는 그것을 냉큼 훔친다. 감각에 돈을 내야 한다면, 분명히 물건보다 훨씬 비쌀 것이고, 의심할 여지없이 나는 예전에 파산을 선고 받았을 것이다.

● 여행에서 돌아올 때마다 마음에 쏙 드는 깜찍한 커트러리와 눈부신 접시들, 반짝반짝 테이블보로 양손은 물론 마음까지 뿌듯한 사람, 그게 바로 나다. 양심에 사정없이 찔리는 관계로(?) 도저히 알뜰하다고는 말하지 못하겠지만 원하는 물건을 과감하지만, 제때에 제대로 구입할 수 있는 사람이라는 자부심이 있다. 물론 나 역시도 다년간의 쇼핑 실패 경험자이며, 과소비와 충동 구매로 얼룩진 감추고 싶은 나날들도 있다. 하지만 그런 어두운 과거(?) 덕에 지금은 재미있고도 현명하게 쇼핑을 할 수 있게 되었고 나만의 물건을 고르는 또렷한 기준도 가지게 되었다.

● 홈 파티를 준비하는 사람들 중에 가끔 무엇을 어떻게 구입해야 할지 도저히 모르겠다며 다급하게 도움을 청하는 경우가 있는데 그 때마다 해줄 수 있는 충고는 하나뿐이다. "파티의 테마를 명확하게 떠올려 보라"는 것. 나처럼 일 년 내내 파티 소품을 장만하고 또 장만하는 사람이 아닌 바에야 제대로 된 파티 세트를 한꺼번에 구하기란 쉽지 않은 일이다. 음식을 준비하는 것만으로도 벅찬데 거기에 잘 어울리는 테이블 세팅이나 인테리어까지 꼼꼼하게 신경을 쓰려면 파티고 뭐고 다 집어치우고 싶어질 뿐이다. 따라서 무엇을 어디서 살지 생각하기 전에 파티의 메인 테마부터 제대로 정하는 바람직한 습관이 필요하다. 일례로 내가 아는 사람 중에 요리는 물론, 손재주도 변변치 않고 주머니 사정까지 나쁜(?) 사람이 있다. 하지만 항상 아이디어만은 반짝반짝하는 사람이어서 이 집의 홈 파티는 언제나 화제만발이다. 어떤 날은 김밥 재료를 가지런히 놓은 테이블 위에 사람 수대로 작은 도마를 놓아 두기도 하고, 어떤 날은 비닐을 깐 테이블 위에 큼지막한 삶은 대게와 망치, 징 등의 무시무시한 연장을 떡하니 차려 놓은 적도 있다. 잘 차려 놓은 음식을 주는 대로 받아먹기만 하는 수동적인 파티보다 손님이 직접 자신이 먹을 김밥을 싸고 게를 때려 부수는(?) 역동적인 파티가 얼마나 재미있겠는가. 파티 테마만 명확하다면 손님들한테 도마나 망치를 가지고 오라고

미리 말해 둘 수도 있으니, 따로 소품 장만하느라 부산 떨 일도 없다. 이와는 반대로 각자 먹을 것을 준비해 오는 포트럭 파티 대신, 식기 세트를 구입해서 통일성을 추구하는 파티도 멋스럽고 손쉽다.

● 파티든 테이블 세팅이든 테마가 정해지고 나면 자연스럽게 쇼핑 타임이 찾아온다. 이 때 나만의 물건 고르는 노하우를 살짝 공개해 본다. 나는 섣불리 사고자 하는 물건 앞에 다가서지 않는다. 일단 전체적으로 한 번 훑어보고 난 다음에 특별히 눈에 띄는 몇 가지를 꼼꼼하게 관찰하고 구입하는 편이다. 처음부터 각각의 물건을 찬찬히 살펴보다 보면 저마다의 장점이나 매력을 발견할 수밖에 없고, 그러다보면 객관성이 흐려져서 계획에 없던 물건까지 사 버리게 된다. 또 물건을 살필 때 내가 이미 가지고 있는 다른 물건들과의 어울림도 꼼꼼히 따지는데, 그래야 사 놓고 사용하지 못하는 최악의 불상사를 막을 수 있다. 이 때, 미리 가지고 있는 물건들의 리스트를 만들어 두면 편리하게 사용할 수 있음도 기억해 둘 것.

● 뭐니 뭐니 해도 쇼핑을 잘하려면 발품을 많이 파는 것이 제일이다. 시간날 때마다 고속 터미널 지하 상가나 남대문 수입 상가, 동대문 평화 시장 등을 돌아다니면서 무엇이 어디서 판매되는지 차곡차곡 기억해 두면 유용하다는 사실. 자주 들르는 단골 숍이 생기면 쇼핑이 한결 수월해진다는 불변의 진리도 배울 수 있을 것이다. 돌아다닐 시간이 부족하다면 웹서핑을 자주 하는 것 역시도 큰 도움이 된다. 또 작은 것이라도 소품을 하나씩 장만해 보는 것도 좋은 습관이다. 나 역시 숟가락 하나에서부터 시작해서 오늘날 푸드 스타일링을 하기에 이르렀으므로. 쇼핑은 할수록 안목이 생기게 마련이다. 성대한 파티를 내 손으로 개최할 그 날까지, 하나씩 하나씩 경험해 보자. 미래의 스타일리스트가 탄생할지도 모르는 일이다.

여름 휴가는 대개 사흘. 그러나 짧은 휴가의 추억은 길다. 일 년 내내 농담의 소재가 되고, 평생에서 중요한 반전의 기회가 되기도 하니까 말이다. 여름이 남긴, 그 짜릿한 탈출이 남긴 기억을 되새기기 시작하는 시점, 우리는 지금 가을에 서 있다.

여름은
반드시 가을에
달콤한 열매를 남긴다

beyond the falls

술병, 무제한

가을의 길목. 남은 건 빈 병들. 술, 주스, 청량 음료, 물…. 많이도 마셨다. 배는 이렇게 작은데 그 많은 물을 어떻게 마셨을까. 새삼 배가 대견해진다. 지난 여름 차게 식혀 준 주스, 청량 음료, 물 다들 고마워진다. "어허, 저희들 모두 맥주병, 소주병, 포도주병인데요. 기억이 안 나나?" 병들의 반항기 어린 목소리가 쨍알쨍알하는 듯.

꽤 오랜 시간 정성껏(?) 모은 청명한 병에 연살에 얼린 아이스 바를 꽂아 본다. 멋진 센터피스 같기도 하고 파티 음식 같기도 하다. 쓰임을 다한 빈 병들을 위한, 꽤나 멋진 재생의 순간이기도 하다. 병 안에 들었던 달콤한 내용물보다 더 맛나는 과일 주스를 시럽과 함께 얼렸다. 어린 시절 어머니가 얼음 틀에 만들어 주시던 주스 셔벗 재현. 술 대신 추억에 슬쩍 취해 볼까. 아직 더운 초가을을 위한 간식이다.

연 살에 꽂은 세 가지 색 아이스바 ● 서울 혜화동
beyond the falls

마지막 여행은 나와 함께

가을이 지나면 사라지는 폭포의 우렁찬 목소리. 물살이 줄거나 얼어붙어도 그런대로 멋진 자태를 잃지 않겠지만, 지금처럼 유쾌한 노래는 오늘이 마지막일지도 모른다. 그래, 오늘은 휴식을 앞둔 여름의 스타, 폭포와 악수를 나눠 보는 날이다. 작정하고 친해져 보려 하는데, '저리 가, 저리 가'하며 물보라를 푸드덕!

사진으로 그 느낌을 다 담을 수 없는 경우가 종종 있는데, 폭포나 계곡이 특히 그렇다. '이발소 그림'일지 몰라도 직접 본 여행자에게는 웅장함으로 기억되는 장관이다. 사진이 약간만, 아주 약간만 더 거짓말을 할 수 있으면 좋으련만. '거짓말' 하니 〈작은 아씨들〉의 라임 소동이 떠오르네. 샛푸른 라임에이드 한 잔.

where 폭포가 불로초구나! 제주도 정방폭포 벼랑에서 곧장 바다로 떨어지는 해안 폭포. 우리 나라에는 이 곳 하나밖에 없다. 칼로 자른 듯 길쭉길쭉한 암벽은 용암이 식으면서 쩍쩍 갈라져 생긴 흔적이다. 한여름 아찔한 벼랑에서 용암처럼 두 줄기 폭포수가 바다로 떨어지는 장관은 상상만 해도 시원하다. 정방폭포 위에는 진시황 때 불로초를 찾으러 왔던 서불이 '서불이 여기를 지난다(徐市過此)'라고 남긴 글씨가 있다. 그가 서쪽 중국으로 돌아갔다는 뜻에서 서귀포라는 지명이 유래했다. 몇 년 전까지만 해도 제주 아낙들은 이 곳에서 몸을 구부리고 폭포수를 맞곤 했다. 지금은 동쪽의 소정방폭포로 물맞이 장소를 옮겼다. 혹 여유가 있다면, 여벌 옷 챙겨 들고 가 볼 것. 폭포수가 만병 통치약이란 말이 허튼 게 아니다. 서불이 이걸 알았더라면, 아마 서귀포는 지금 다른 이름으로 불리고 있을지도 모를 일. ●제주시 시외 버스 터미널에서 서귀포행 버스를 타고, 서귀포 시내에서 보목행 시내 버스를 탄다. 서귀포 중심가에서 택시로 기본 요금 거리라, 걸어도 부담 없겠다. 자가용을 이용한다면, 서부 관광 도로를 타고 서귀포 시내에 들어와 12번 해안 도로를 타고 남원, 성산 방향으로 향하면 된다. 정방폭포 관리소 064-733-1530 cyber.jeju.go.kr

63

폭포 앞에 라임에이드 ● 제주 정방폭포
beyond the falls

이름 모를 붉은 풀이 융단처럼 펼쳐진 그 곳에서 황제처럼 금빛 잔을 들어 노을에 건배하리. 화려하기 그지없이 장엄한 순간 주책없이 처연한 생각이 밀려 온다. "마지막 황제였던 전생의 기억이 떠오르는군"이라 말하고 싶지만, 그 야유를 어찌 다 감당하리요.

황제를 위하여

64

레드 컬러 테마 테이블 세팅 ● 영종도
beyond the falls

공항을 드나들 때마다 스치며 찍어 두었던 장관. 노을에 어울리는 테이블 세팅 용품을 챙겨 일단 출발은 했다. 그러나 고속 도로에서 어찌 진입하는지 알 도리가 없었다. 눈으로는 지척인데 막상 갈 수는 없는, 그런 신기루 같은 곳이었다. 얼추 해질 무렵을 맞춰 겨우 도착한 신기루의 영토에서 붉은색 테마 테이블 세팅 완성.
where 그 섬에 가면 나만의 바다가 있다 영종도 용유동 을왕리와 왕산리 쭉 뻗은 영종대교를 시원하게 건너고 아름다운 해안 도로를 따라 달리면 고즈넉한 바닷가에 닿는다. 간척 공사가 아니었으면 작은 섬에 지나지 않았을 용유동의 을왕리 해수욕장은 이젠 서울에서 가까운 해수욕장 가운데 하나가 됐다. 청춘들이여, 영종대교의 밤은 낮보다 아름답다. 용유도 을왕리는 원래 염전이 많았다. 물론 지금은 매립 공사 때문에 염전이 폐쇄돼 텅 빈 소금 창고가 이색적인 분위기를 자아낸다. 요즘 뒤힙 대회 장소로 뒤 끄러워 을왕리는 조금 번잡스럽지만 위쪽의 왕산리는 아직도 고즈넉하다. 비릿한 갯내음 맡으며 바다와 갯벌을 붉게 물들이는 서해의 낙조를 바라보는 것, 묘미다. ● 인천 국제 공항 고속 도로 진입 후 영종내교를 지나 영종도에 들어서 용유도 방향으로 진행. 용유동사무소 032 760-7990

beyond the falls

가지 사우어 크림 카나페 ● 서울 여의도

노을이야말로 베스트 셰프

모든 붉은빛은 선연히 아름답다. 그 가운데서도 노을에 물든 무엇만큼 아름다운 건 없을 게다. 세상 못난이도, 제일 먹기 싫은 음식도 노을이라는 조명만 받으면 멋진 붉은색, 탐스런 붉은색으로 거듭나기 마련이다. 노을은 메이크업 아티스트보다도, 셰프보다도 실력이 좋다니까.

65

노을 등지고 서면 하늘과 땅 사이 아름답지 않은 것이 그 무엇이랴. 비정하던 도시도 이 순간만큼은 무장해제다. 빛깔 고운 가지 역시 맑은 노을 아래에서 더욱 먹음직스러워졌다. 이제 곧 있을 뗄굴 담쟁이 넝쿨을 깔고 분홍색 조명 받으며 그윽하게 한 접시.

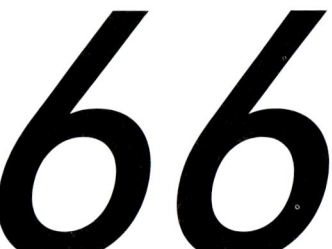

없는 색은 없는 세상

그 어떤 천재 아티스트가 세상에 존재하지 않은 색을 만들 수 있을까. 아직 이름이 없을지는 몰라도, 이 세상에 없는 색은 없다. 자연을 그리는 건, 그래서 쉽고도 어려운 작업. 눈과 마음을 뜨는 자만이 그릴 수 있는 작품이다.

어떤 색깔도 만들 수 있고 칠할 수 있듯, 어떤 음식도 만들 수 있다는 아이디어에서 팔레트를 골랐다. 색색 물감을 짜듯 초밥을 얹었으니 맘에 드는 색을 고르듯 즐거움을 담아 먹을 수 있겠지? 그림 그리듯, 하고 싶은 대로 생각나는 대로 음식을 만들어도 좋단 이야기.
where 인자(仁者)는 '이 곳'으로 간다 경기도 동두천 산 좋아하는 사람치고 동두천 한 번 안 가 본 사람이 있을까. 소요산으로 대표되는 동두천의 명산들은 산을 좋아하는 '어진 사람(仁者)'들에게 색다른 기쁨을 안겨 준다. 마차산, 왕방산 등 대체로 완만하고 곳곳에 볼거리가 많으며 맑은 약수를 품고 있는 산들이 등산객들에게는 더할 나위 없이 매력적이기 때문. 해마다 가을이면 핏빛으로 물드는 소요산은 발 디딜 틈 없을 정도로 인산인해를 이룬다. 산행을 마치고 '신북 온천(1577-5009)'에 들러 개운하게 온천을 하고 '송월관(031-865-2428)'의 떡갈비를 맛보는 것이 정석. 아토피에 특효라는 신북 온천은 최근에 시설 확장을 해서 물놀이 즐기기에 그만이고, 쫄깃한 송월관의 떡갈비 맛은 60년 동안 변함이 없다고. ● 기차를 타고 가면 편리하다. 의정부역에서 동두천 가는 경원선을 타면 된다. 자가용을 이용할 경우, 의정부에서 동두천 방향 3번 국도를 타고 이정표대로 직진하면 찾기 쉽다. 동두천시청 문화공보실 031-860-2061 www.ddc21.net

배수리잎을 닮은 꽁치 조림 초밥 ● 경기 동두천

beyond the falls

파티 없는 오늘은 없다

67

아찔할 정도로
형형색색 특별한 파티를 떠올려서는 곤란하다.
특별한 날도, 특별하지 않은 날도
인생에는 매일매일 크고 작은 파티가 열리게 마련이다.
조금 덜 특별한 날이 특별한 파티로 인해 더 특별해 질 수 있고,
너무 특별한 날도 지나고 보면 소담한 파티로 기억되기도 한다.
파티의 초대장은 날마다 날아온다.
오늘은 어떤 파티가 어울리는 날일까.
그 설렘만으로도 오늘은 특별히 '다른 날' 이다.

찬란하던 담쟁이 넝쿨이 마치 죽은 척, 뼈만 남겼다. 늦가을로 성큼 접어든 2004년의 길목. 쓸쓸해진 담벼락을 그대로 둘 수 없었다. 오직 담쟁이와 담벼락만을 위한 멋진 공연 포스터를 붙인다. 2004년의 마지막 공연, 2005년을 기다리는 공연. 여행과 추억은 절대 끝나지 않는다.

절대 끝나지 않는 공연

68

꿀 질임 사과 구이 ● 서울 선유도
beyond the falls

여정은 종착점을 바라보고 있다. 마른 나무 껍질에 깊은 계절의 향이 묻어난다. 앙상한 담쟁이 넝쿨에 어울리는 건 가을의 과일, 사과다. 너무 생생하게 매치하자니 잠복기에 들어간 담쟁이에게 실례. 꿀에 절여 색도 바래게 하고, 포스터로 만들어 조금 겸손한 척도 해 본다. 꿀과 계피로 절인 사과 구이는 서늘한 늦가을을 그대로 안고 있다. 사진을 찍고 다시 포스터로 디자인해 붙이는 번거로운 작업이지만 여정의 마무리는 그만큼 중요하다!

the recipe of my luncheon

제 도시락, 같이 드실래요?

여행 도중에 맛본 음식들.
복잡할 것도 어려울 것도 없지만,
'이건 무엇으로 만들었을까? 하는 작은 질문에
대답하고 싶다.
같은 음식을 나누면,
그 곳의 느낌과 그 곳에서 만든 추억까지
나눌 수 있을 것만 같다.
지금 당장 떠나지 못한다고 안타까이 여기지 말기를.
여행의 맛,
그것을 일상으로 초대하는 건
어려운 일이 아니니까.

바게트 햄 야채 샌드위치

what
바게트 1개, 토마토 1개, 적양파 1개, 훈제 슬라이스 햄 4장, 겨자 잎 4장, 소스(통후추 약간, 소금 약간, 허니 머스터드 4큰 술, 마요네즈 2큰 술)

how
● 토마토와 적양파는 깨끗이 씻어 둥글게 썰고, 겨자 잎은 깨끗이 씻어 물기를 턴다. ●● 그릇에 소스 재료를 넣어 잘 섞는다. ●●● 바게트 빵을 길게 반으로 가르고 만들어 둔 소스를 바른 후, 겨자 잎, 토마토, 적양파, 훈제 슬라이스 햄을 순서대로 얹는다.

바질 감자 치즈 구이

what
감자 1개, 통마늘 1개, 생 바질 4잎, 슬라이스 치즈 2장, 올리브유 약간, 소금·통후추 약간씩

how
● 감자는 깨끗이 씻어 껍질째 둥글게 썰고, 뜯어 둔 바질 잎과 올리브유, 소금, 후추로 절여 둔다. ●● 통마늘은 깨끗이 씻어 윗동을 잘라 낸다. ●●● 팬에 절인 감자와 슬라이스 치즈를 번갈아 올려 놓고, 통마늘과 함께 노릇하게 굽는다.

올리브 치즈 파스타

what
페투치니 파스타 80g, 올리브유 4큰 술, 올리브 열매 6개, 파르메산 치즈 2큰 술, 피자 치즈 4큰 술, 닭 육수 반 컵, 생 바질 4잎, 편 마늘 1큰 술, 매운 마른 고추 2개, 소금·통후추 약간씩

how
● 끓는 물에 소금을 약간 넣고 파스타를 삶아 낸다. ●● 팬에 올리브유를 두르고 편 마늘과 매운 마른 고추를 노릇하게 볶다가, 삶은 파스타를 넣어 함께 볶는다. ●●● 여기에 닭 육수를 붓고 올리브 열매, 파르메산 치즈, 바질 잎을 넣고 중불에서 졸인다. ●●●● 소금, 후추로 간하고 피자 치즈를 뿌려 살짝 녹여 내면 완성.

피치 와인 칵테일

what
복숭아 주스 4큰 술, 화이트 와인 2큰 술, 탄산수 2큰 술, 라임 주스 반 큰 술, 설탕 시럽 반 큰 술

how
● 컵에 복숭아 주스, 화이트 와인, 탄산수를 넣고 잘 저어 준다. ●● 여기에 라임 주스를 넣어 향을 낸 후, 설탕 시럽을 넣어 농도를 맞춘다.

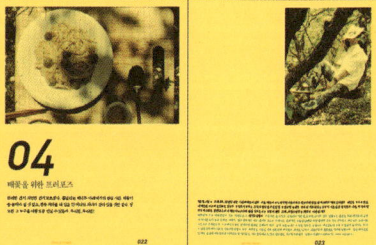

포치드 에그를 올린 브레드

what
마늘 바게트 빵 1조각, 달걀 1개, 소금·식초·통후추 약간씩

how
● 냄비에 물을 넣고 적당히 데워지면 소금과 식초를 넣는다. ●● 여기에 달걀을 깨 넣고 숟가락으로 흐트러진 흰자를 노른자 위에 여러 번 덮으면 포치드 에그 완성. ●●● 빵 위에 포치드 에그를 올리고 통후추를 뿌려 낸다.

옥수수 빵 크림 케이크

what
옥수수 빵 1개, 딸기 잼 3큰 술, 휘핑 크림 1컵, 설탕 2큰 술, 딸기 3개

how
● 볼에 휘핑 크림과 설탕을 넣고 거품기로 잘 저어 생 크림을 만든다. ●● 옥수수 빵은 가로로 세 조각을 내어 딸기 잼을 골고루 바른다. ●●● 딸기는 깨끗이 씻어 적당히 썰어 둔다. ●●●● 빵 위에 생 크림을 바르고 딸기를 고루 올린 후, 다시 빵을 올려 한 번 더 반복한다.

캐비아를 올린 생 크림 타르트

what
타르트 4개, 캐비아 2작은 술, 휘핑 크림 반 컵, 설탕 1컵, 방울 토마토 4개, 차이브 1잎, 소금·통후추 약간씩, 올리브유 약간

how
● 볼에 휘핑 크림과 설탕을 넣고 거품기로 잘 저어 생 크림을 만든다. ●● 방울 토마토를 깨끗이 씻어 소금·후추로 간한 후, 올리브유를 두른 팬에 살짝 굽는다. ●●● 타르트에 생 크림을 올리고, 구운 방울 토마토를 얹은 후 캐비아와 차이브로 장식한다.

민물 훈제 생선 구이

what
민물 생선 4마리, 라임 1개, 적양파 1개, 소금·통후추 약간씩, 올리브유 약간, 생 바질 10잎

how
● 민물 생선을 깨끗이 씻고 세로로 반을 갈라 내장을 제거한다. ●● 적양파는 껍질을 벗겨 둥글게 썰고, 라임도 깨끗이 씻어 둥글게 썬다. ●●● 민물 생선, 적양파, 라임을 석쇠 위에 올리고 붓으로 올리브유를 바르며 굽는다. 소금·후추로 간한 후, 바질 잎을 뜯어 올린다.

허브 달걀 쿠키

what
버터 130g, 설탕 150g, 바닐라 에센스 반 작은 술, 레몬 껍질 다진 것 1큰 술, 밀가루 250g, 슬라이스 아몬드 40g, 달걀노른자 1개, 삶은 달걀노른자 3개, 허브 잎 10개

how
● 삶은 달걀노른자 3개를 체에 내려서 가루 내고 달걀노른자 1개와 섞는다. ●● 녹인 버터와 설탕을 거품기로 저어 크림 상태로 만든 후 바닐라 에센스를 넣어 향을 낸다. ●●● 레몬 껍질 다진 것과 밀가루를 체에 치고, 앞에 만들어 둔 것 둘과 함께 섞어 치댄 후 랩에 싸서 냉장고에 1시간 넣어 둔다. ●●●● 반죽을 꺼내어 원하는 모양을 만들고 허브 잎을 올려 장식한다. ●●●●● 오븐에 기름종이를 깔고 반죽을 넣어 170도에서 20~30분간 굽는다.

프레시 모차렐라 치즈 토마토 샐러드

what
토마토 1개, 모차렐라 치즈 150g, 소스(소금·통후추 약간씩, 생 바질 4잎, 올리브유 3큰 술, 발사믹 식초 반 작은 술, 안초비 1마리)

how
● 토마토는 깨끗이 씻어 둥글게 썰고, 프레시 모차렐라 치즈도 같은 모양으로 둥글게 썬다. ●● 생 바질 잎은 깨끗이 씻어 칼로 잘게 다지고, 안초비도 함께 다진다. ●●● 볼에 올리브유, 다진 안초비, 다진 생 바질 잎, 발사믹 식초를 넣고 소금·통후추로 간하여 잘 섞어 준다. ●●●● 접시에 토마토와 프레시 모차렐라 치즈를 번갈아 쌓은 후 소스를 뿌려 낸다.

훈제 연어 그린 빈 샐러드

what
연어 200g, 완두콩 6개, 크레송 80g, 올리브유 3큰 술, 소스(타르타르 소스 4큰 술, 핫 소스 1큰 술, 설탕 반 작은 술, 파프리카 파우더 약간, 소금·후추 약간씩)

how
● 연어는 족집게를 사용해 가시를 손질하고 한 입 크기로 네모나게 썬다. ●● 팬에 올리브유를 두르고 다듬은 연어를 노릇하게 구워 낸다. ●●● 크레송은 깨끗이 씻어 두고, 완두콩은 껍질째 끓는 물에 살짝 데친다. ●●●● 분량의 소스 재료를 볼에 넣고 잘 섞어 준비해 둔다. ●●●●● 접시에 크레송, 완두콩, 연어를 고루 올리고 소스를 곁들여 낸다.

청포도 뻥튀기 케이크

what
청포도 1송이, 애플민트 10잎, 뻥튀기 4장, 휘핑 크림 3컵, 설탕 3큰 술

how
● 볼에 휘핑 크림과 설탕을 넣고 거품기로 잘 저어 생 크림을 만든다. ●● 청포도는 깨끗이 씻어 물기를 빼고 알알이 뜯어 둔다. ●●● 애플민트도 깨끗이 씻어 물기를 뺀다. ●●●● 뻥튀기 사이사이에 생 크림, 애플민트, 청포도를 올려 세 겹으로 쌓는다.

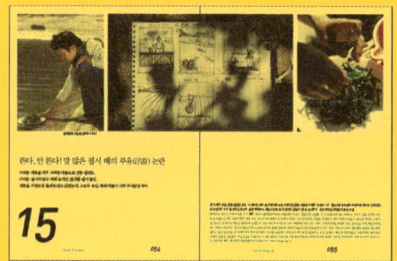

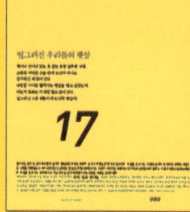

완두콩 밀크 수프

what
완두콩 반 컵, 우유 반 컵, 생 크림 2큰 술, 소금 약간
how
● 완두콩은 깨끗이 씻고 믹서에 곱게 갈아 체에 한 번 걸러 준다. ●● 냄비에 간 완두콩을 넣고 중간 불에서 끓이다가 우유를 넣고 한 번 더 끓여 준다. ●●● 다시 이 냄비에 생 크림을 넣고 끓이다가 소금으로 간한다.

중식 야채 누들

what
중국 생면 80g, 청경채 3뿌리, 당근 1/5개, 표고 버섯 3개, 닭 육수 2컵, 물 1컵, 소금·통후추 약간씩, 정향 2개
how
● 청경채는 깨끗이 씻어 한 잎씩 뜯어 두고, 버섯은 밑동을 잘라 낸다. ●● 당근은 깨끗이 씻어 껍질을 정리하고 길고 넓적하게 채 썰어 둔다. ●●● 냄비에 닭 육수와 물을 넣고 팔팔 끓이다가 중국 생면을 넣어 끓인다. ●●●● 이 냄비에 당근, 청경채, 버섯 순으로 넣어 한 번 더 끓인 후, 소금·통후추로 간한다.

바질 생 파스타

what
강력분 100g, 달걀 1개, 올리브유 1큰 술, 소금 적당량, 바질 가루 적당량
how
● 넓은 쟁반이나 도마 위에 밀가루를 올리고, 가운데 우물 모양으로 구멍을 뚫어 준다. ●● 밀가루의 우물 모양 구멍에 달걀, 올리브유, 소금을 넣는다. ●●● 포크로 달걀을 돌려 가며 밀가루를 감아 올리듯 반죽을 하고, 바질 가루를 넣어 준다. ●●●● 반죽이 뭉치지 않게 손으로 힘껏 밀며 3~5분 정도 반죽한 후, 냉장고에 30분간 넣어 숙성시킨다. ●●●●● 숙성된 밀가루 반죽을 밀대로 일정하게 힘을 주어 밀어 원하는 굵기로 만든다.

아삼 커피

what
헤이즐럿 커피 반 작은 술, 아삼 티 반 작은 술, 설탕 시럽 적당량
how
● 커피 메이커에 헤이즐럿 커피를 넣고 뜨거운 물을 부어 커피를 내린다. ●● 티 포트에 아삼 티를 넣고 뜨거운 물을 부어 우려 낸다. ●●● 우려 낸 커피와 티를 잘 섞은 후, 설탕 시럽을 넣어 준다.

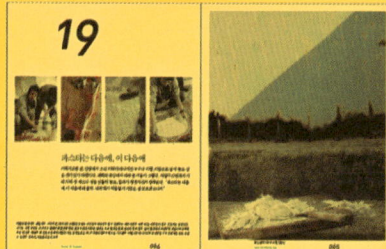

그린 티 라테

what
우유 2컵, 애플민트 3잎, 가루 녹차 1큰 술, 설탕 시럽 약간

how
● 우유 1컵에 애플민트를 넣고 중탕하여 뜨겁게 데운다. ●● 여기에 가루 녹차를 넣고 믹서에 옮겨 담은 후, 설탕 시럽을 첨가해 곱게 간다. ●●● 남은 우유 1컵도 중탕으로 데우고 거품기로 잘 저어 우유 거품을 낸 후 앞의 라테에 올려 낸다.

아보카도와 날치 알을 올린 초밥

what
아보카도 1개, 밥 1공기, 날치 알 2큰 술, 새싹 채소 약간, 소스(마요네즈 2큰 술, 와사비 1작은 술, 레몬 즙 2작은 술, 설탕 반 작은 술), 초대리(초밥 초: 식초·설탕·소금 약간씩)

how
● 초대리는 식초:설탕:소금을 2:2:1의 비율로 섞어 약한 불에 잘 저으며 녹여 만든다. ●● 볼에 밥을 넣고 초대리를 부어 잘 버무려 양념한 후 한 입 크기로 뭉쳐 둔다. ●●● 볼에 분량의 소스 재료를 넣어 잘 섞어 두고, 새싹 채소는 깨끗이 씻어 둔다. ●●●● 아보카도는 껍질을 벗기고 모양을 낸 밥과 비슷한 크기로 잘라 둔다. ●●●●● 모양을 낸 밥 위에 소스를 바르고, 아보카도를 올리고, 다시 소스를 바른 후, 날치 알과 새싹을 올려 낸다.

레인보 젤리

what
체리 가루 2큰 술, 치자 가루 2큰 술, 천연 식용 색소 녹색 1큰 술, 블루 퀴라소(오렌지 껍질로 만든 일종의 칵테일 베이스. 큐라소, 쿠라사우라고도 한다) 2큰 술, 레몬 즙 2큰 술, 판 젤라틴 15장, 끓여서 식힌 물 반 컵

how
● 먼저 색색의 젤리를 만들자. 판 젤라틴은 찬물에 넣어 불린 후 물과 레몬 즙을 넣어 함께 섞는다. ●● 불린 젤라틴은 물기를 꼭 짜고, 끓는 물을 조금 부어 완전히 녹인다. ●●● 5개의 볼에 젤라틴을 나누어 담고, 각각의 볼에 체리 가루 1큰 술, 체리 가루 1큰 술과 치자 가루 1큰 술 섞은 것, 치자 가루 1큰 술, 식용 색소 녹색 1큰 술 섞은 것, 블루 퀴라소 1큰 술을 풀어 넣어 모두 다른 색이 나도록 안배한다. ●●●● 이제 층층이 무지개를 만들 차례. 컵에 체리 가루를 넣은 젤라틴을 넣고 냉장고에 넣어 10분 정도 흐르지 않을 정도로 굳힌다. 꺼내어 체리 가루와 치자 가루를 섞은 젤라틴을 다시 부어 같은 방법으로 굳힌다. ●●●●● 굳힌 젤라틴 위에 치자 가루를 넣은 젤라틴, 식용색소 녹색을 넣은 젤라틴, 블루 퀴라소를 넣은 젤라틴을 얹으며 각각 순서대로 굳혀 완성한다.

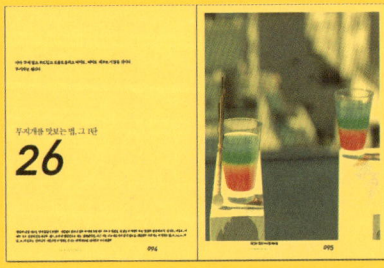

230

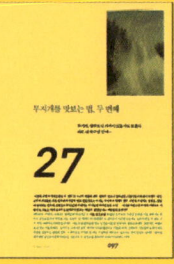

블루 와인 칵테일

what
화이트 와인 2컵, 블루 퀴라소 2큰 술, 라임 주스 1큰 술, 탄산수 반 컵, 설탕 시럽 약간

how
● 컵에 화이트 와인과 블루 퀴라소, 탄산수를 넣은 후 잘 저어 준다. ●● 여기에 라임 주스를 넣어 향을 내고 설탕 시럽을 넣는다.

일식 해물 볶음 우동

what
생 우동면 80g, 칵테일 새우 6마리, 어린 갑오징어 6마리, 청·홍피망 1/4개씩, 양파 1/4개, 간장 4큰 술, 해물 육수 반 컵, 물 반 컵, 참기름 약간, 가쓰오부시 약간

how
● 새우, 갑오징어는 깨끗이 씻어 두고, 피망과 양파는 깨끗이 씻어 잘게 다진다. ●● 냄비에 물과 해물 육수를 부어 생 우동면을 살짝 삶고, 국물은 남겨 둔다. ●●● 팬에 참기름을 두르고 다진 야채를 넣어 볶다가 해물도 넣어 같이 볶는다. ●●●● 삶아 둔 우동과 간장을 넣어 달달 볶다가 남은 해물 육수를 넣어 농도를 맞춘다. ●●●●● 접시에 볶음 우동을 담고 가쓰오부시를 얹어 낸다.

깐풍기

what
닭 살코기 250g, 화이트 와인 2큰 술, 소금 1작은 술, 달걀 1개, 불린 녹말 1컵, 로즈메리 2줄기, 식용유 적당량, 당근 1/3개, 양파 반 개, 청·홍피망 1/3개씩, 마른고추 3개, 편 마늘 3큰 술, 간장 2큰 술, 설탕 약간, 참기름 1작은 술, 후추 약간

how
● 닭고기는 가장자리의 기름을 떼어 내고 적당한 크기로 잘라 낸다. ●● 볼에 닭고기, 소금, 화이트 와인, 로즈메리를 넣어 절여 둔다. ●●● 여기에 달걀, 불린 녹말 순으로 튀김옷을 입힌다. ●●●● 팬에 기름을 넣고 달궈지면 튀김옷 입힌 닭고기를 넣어 노릇하게 튀긴다. ●●●●● 양파, 당근, 피망은 잘게 다지고, 마른고추는 둥글게 가위로 잘라 둥근 모양을 살린다. ●●●●●● 팬에 기름을 두르고 마른 고추와 마늘을 넣고 볶다가, 양파, 피망, 당근을 넣고 노릇하게 볶는다. ●●●●●●● 여기에 튀겨 낸 닭과 간장을 넣고 설탕, 참기름, 후추를 넣어서 맛을 낸다.

231

딸기를 올린 생 크림 초콜릿 샌드

what
쿠키 : 버터 80g, 박력분 180g, 코코아 가루 15g, 달걀 1개, 설탕 100g, 바닐라 에센스 반 작은 술 **생 크림** : 휘핑 크림 반 컵, 설탕 반 큰술, 스피어민트 5잎, 딸기 5개

how
● 버터는 실온에서 녹여 두고, 밀가루는 체에 내려 준비한다. ●● 볼에 녹인 버터를 넣고 거품기로 젓다가 설탕을 1~2회 나누어 넣은 다음 크림 상태가 되도록 저어 준다. ●●● 여기에 달걀과 바닐라 에센스를 넣고 섞은 후 체에 친 밀가루와 코코아를 넣고 반죽한다. ●●●● 반죽을 냉장고에 1시간 정도 넣어 굳힌 뒤, 0.7cm 두께가 되도록 밀대로 밀어 펴고 곰이나 하트 모양의 틀로 찍어 낸다. ●●●●● 오븐 팬에 찍은 반죽을 놓고 180도에서 10~12분 동안 구워 낸다. ●●●●●● 볼에 휘핑 크림과 설탕을 넣고 거품기로 잘 저어 생 크림을 만든다. ●●●●●●● 쿠키에 생 크림을 바른 후 다시 쿠키를 얹고 그 위에 스피어민트와 산딸기를 올려 장식한다.

바질 페스토 양 갈비 구이

what
양 갈비 350g, 바질 1/3컵, 올리브유 1/3컵, 소금·통후추 약간씩, 로즈메리 1잎, 코냑 약간, 정향 약간

how
● 바질, 올리브유, 소금, 후추를 믹서에 갈아 바질 페스토 소스를 만든다. ●● 볼에 양 갈비를 넣고, 통후추, 코냑, 정향을 넣어 절여 둔다. ●●● 양 갈비를 팬에 넣고 뚜껑을 덮어 중간 불에 노릇하게 굽는다. ●●●● 접시에 양 갈비를 담고 바질 페스토 소스를 뿌려 낸다.

훈제 비프 스테이크

what
쇠고기 안심 600g, 통마늘 1개, 샴페인 약간, 소금·후추 약간씩, 불린 쌀국수 반 컵, 식용유 약간, 소스(저민 양송이 버섯 2개, 편 마늘 1큰 술, 다진 양파 2큰 술, A1 소스 1/4컵, 우스터 소스 1/4컵, 버터 1큰 술, 육수 1/5컵, 소금·후추 약간씩)

how
● 쇠고기는 300g 정도 덩어리 지게 도톰하게 썰어 볼에 넣은 후, 샴페인과 소금·후추로 간하여 냉장고에 넣어 둔다. ●● 팬에 기름을 붓고 불린 쌀국수를 바싹 튀겨 낸다. ●●● 팬에 버터를 두르고 다진 양파와 편 마늘을 넣어 볶다가 소스 두 가지를 넣어 다시 한 번 볶는다. ●●●● 육수를 넣고 끓인 후 소금·후추로 간하여 스테이크 소스를 만든다. ●●●●● 숯불에 쇠고기와 통마늘을 올리고 적당히 구워낸 후 접시에 올려 튀긴 쌀국수, 소스와 함께 낸다.

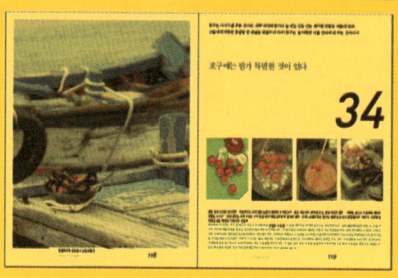

지중해식 홍합 찜

what
홍합 200g, 관자 100g, 소스(토마토 페이스트 1/2컵, 토마토 홀 1/2컵, 다진 양파 2큰 술, 저민 마늘 1큰 술, 올리브유 적당량, 다진 바질 반 큰술, 소금·후추 약간씩, 파르메산 치즈 가루 약간, 홍합 삶은 물 1컵, 피자 치즈 3큰 술)

how
● 냄비에 물을 붓고 홍합을 살짝 데쳐 건져 내고, 삶은 물은 버리지 말고 1컵 남겨 둔다. ●● 관자는 깨끗이 씻어 적당한 크기로 듬성듬성 썰어 둔다. ●●● 팬에 올리브유를 두르고 다진 양파와 저민 마늘을 볶다가 토마토 페이스트와 토마토 홀을 넣어 한 번 더 볶아 준 후, 홍합 삶은 물을 부어 팔팔 끓여 낸다. ●●●● 냄비 안에 삶은 홍합과 관자를 넣어 소스가 잘 배도록 끓이다가, 다진 바질과 파르메산 치즈 가루를 넣어 한 번 더 끓여 준다. ●●●●● 여기에 소금·후추로 간한 뒤 피자 치즈를 뿌려 낸다.

코코넛 생 크림 파스타

what
푸질리 파스타 80g, 액상 코코넛 1/4컵, 생 크림 반 컵, 닭 육수 반 컵, 베이컨 2줄, 청·홍피망 1/4개씩, 양파 1/4개, 편 마늘 1큰 술, 올리브유 1큰 술, 소금·후추 약간씩

how
● 베이컨은 굵직하게 썰고, 양파와 피망은 깨끗이 씻어 잘게 다진다. ●● 냄비의 물이 끓으면 소금을 조금 넣어 파스타를 삶아 둔다. ●●● 팬에 올리브유를 두르고 편 마늘을 볶다가 양파와 피망을 넣어 다시 달달 볶는다. ●●●● 이 팬에 삶은 파스타를 넣고 살짝 볶다가 생 크림, 닭 육수, 액상 코코넛을 넣고 중간 불에서 졸인 후 소금·후추로 간한다.

유기농 야채 샐러드

what
오이 반 개, 치커리 40g, 겨자 잎 40g, 적채 40g, 양파 반 개, 양상추 1/6통, 이탈리안 드레싱(홍피망 1/6개, 양파 1/6개, 파슬리 약간, 올리브유 4큰 술, 와인 식초 3큰 술, 설탕 1큰 술, 소금 반 작은 술, 백후추 약간)

how
● 볼에 곱게 다진 홍피망, 양파, 파슬리와 올리브유, 와인 식초, 설탕, 소금, 백후추를 넣고 함께 섞는다. ●● 오이는 깨끗이 씻어 껍질째 둥글게 썰고, 양파는 껍질을 벗기고 둥글게 썰어 물에 담아 둔다. ●●● 겨자 잎, 적채, 양상추는 깨끗이 씻고 손으로 굵직하게 뜯어 물에 담아 둔다. ●●●● 볼에 손질한 야채를 넣고, 앞의 소스를 부어 낸다.

모차렐라를 올린 수박 카나페

what
수박 1/4통, 프레시 모차렐라 치즈 200g, 레몬 즙 1큰 술, 설탕 시럽 3컵, 통후추 약간

how
● 한 입 크기로 사각 썰기한 수박에 설탕 시럽과 레몬즙을 넣고 절여 둔다. ●● 프레시 모차렐라 치즈는 수박 크기에 맞춰 사각뿔 모양으로 잘라 낸다. ●●● 수박 위에 프레시 모차렐라 치즈를 올린 후 통후추를 살짝 뿌려 준다.

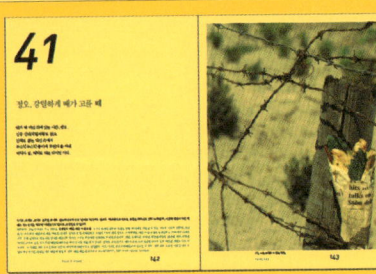

그릴 치킨 화이타

what
화이타 1장, 닭 가슴살 150g, 소금·통후추 약간씩, 화이트 와인 1큰 술, 올리브유 3큰 술, 적채 2장, 로켓 2잎, 치커리 2잎, 토마토 반 개, 삶은 달걀 1개, 머스터드 소스 2큰 술

how
● 볼에 닭 가슴살, 화이트 와인, 올리브유를 넣고 소금·통후추로 간하여 절인다. ●● 적채, 로켓, 치커리는 깨끗이 씻어 물기를 빼고, 토마토는 깨끗이 씻어 잘게 썬다. ●●● 팬을 달구어 화이타를 넣고 갈색 빛이 살짝 돌게 굽는다. ●●●● 팬에 닭 가슴살을 넣고 중간 불에서 노릇하게 구운 뒤 적당한 크기로 뜯는다. ●●●●● 화이타에 닭 가슴살, 토마토, 야채를 넣고 머스터드 소스를 뿌려 돌돌 만다.

세 가지 색 과일 비드

what
체리 7개, 앵두 20개, 버찌 10개

how
● 체리, 앵두, 버찌를 깨끗이 씻어 낚싯줄에 비드와 함께 꿴다.

흑미 리조토를 넣은 오골계 구이

what
오골계 1마리, 대추 4개, 아스파라거스 2개, 양파 1/4개, 마늘 1쪽, 화이트 와인 4큰 술, 파르메산 치즈 가루 1/3컵, 흑미 1컵, 버터 1큰 술, 닭 육수 6컵, 소금·후추 약간씩, 올리브유 3큰 술

how
● 아스파라거스는 필러로 껍질을 벗기고 끓는 물에 소금을 넣어 삶는다. ●● 삶은 아스파라거스는 찬물에 헹궈 위쪽 4~5cm 정도만 남기고, 잘게 다진다. ●●● 양파는 얇게 채 썰고, 마늘은 칼등으로 눌러 으깨고, 대추는 씻어둔다. ●●●● 팬에 올리브유를 두르고 채 썬 양파 절반과 마늘을 넣고 볶는다. ●●●●● 양파가 투명해지면 흑미를 넣고 익히다가 화이트 와인을 넣어 향을 낸다. ●●●●●● 여기에 쌀이 잠길 정도로 닭 육수를 붓고 끓이다가 육수가 졸아들기 시작하면 남은 닭 육수를 한 국자씩 떠 넣으며 타지 않게 저어 가며 익힌다. ●●●●●●● 쌀이 익으면 버터, 파르메산 치즈 가루, 아스파라거스, 대추, 남은 양파를 넣고 골고루 섞으면서 1분쯤 익힌다. ●●●●●●●● 오골계는 내장을 빼내고 깨끗이 씻은 후 리조토로 속을 채운다. ●●●●●●●●● 200도로 예열해 둔 오븐 팬 위에 포일을 깔고, 오골계를 올린 다음 올리브유를 골고루 발라 220도에서 40분간 구워 낸다.

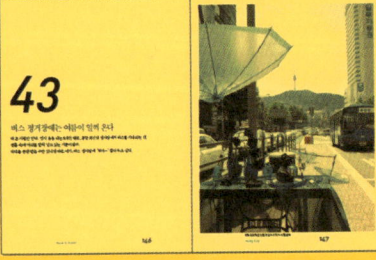

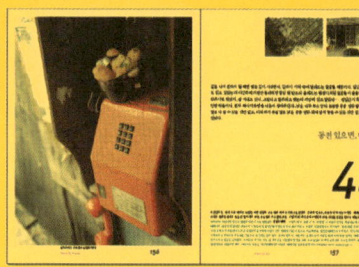

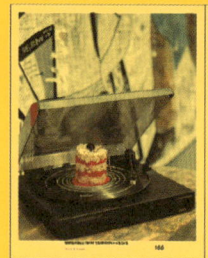

감자 라이스 크로켓

what
밥 1공기, 감자 1개, 깻잎 5장, 달걀 1개, 밀가루·빵가루 1컵씩, 식용유 적당량, 소금·후추 약간씩

how
● 감자는 껍질을 벗기고 끓는 물에 삶아 굵게 으깨고, 깻잎은 깨끗이 씻어 돌돌 말아 얇게 채 썬다. ●● 볼에 밥을 넣고 앞의 감자와 깻잎을 넣은 뒤 소금·후추로 간한다. ●●● 간한 밥을 둥글게 볼 모양으로 만들어 밀가루, 달걀, 빵가루 순으로 튀김옷을 입힌다. ●●●● 팬에 기름을 두르고 달궈지면 모양낸 밥을 넣어 노릇하게 튀겨 낸다.

캐비아와 구운 생선살

what
흰 살 생선 200g, 레드 캐비아 4큰 술, 블랙 캐비아 1작은 술, 화이트 와인 1큰 술, 올리브유 적당량, 소금·백후추 약간씩, 계피 가루 약간, 셀로판지 1장, 타르타르 소스 2큰 술

how
● 흰 살 생선은 잘게 찢고 올리브유를 두른 팬에서 달달 볶는다. ●● 볶다가 화이트 와인을 넣어 향을 낸 후 소금·백후추로 간한다. ●●● 셀로판지를 재료의 양에 맞춰 둥글게 말아 원통을 만든다. ●●●● 여기에 볶은 흰 살 생선을 넣고 타르타르 소스를 바른 후 레드 캐비아를 올린다. 이 과정을 반복하여 쌓는다. ●●●●● 마지막으로 블랙 캐비아를 올리고 계피 가루를 살짝 뿌려 낸다.

로즈 초콜릿

what
다크 초콜릿 200g, 식용 장미 꽃잎 3장, 설탕 3큰 술, 설탕 시럽 2큰 술, 셀로판지 1장

how
● 식용 장미 꽃잎은 깨끗이 씻어 물기를 제거한 후 설탕 시럽을 살짝 바르고 다시 설탕을 뿌려 냉장고에서 굳힌다. ●● 냄비에 물을 넣고 끓인 후 볼에 다크 초콜릿을 넣어 중탕하여 녹인다. ●●● 짤 주머니에 중탕한 초콜릿을 넣고 셀로판지 위에 그물 모양으로 모양을 내어 짠다. ●●●● 그물 모양 초콜렛의 아래쪽 모서리에 굳힌 장미 이파리를 살짝 붙인다. 이것을 다시 냉장고에서 굳힌다.

오렌지 소스를 곁들인 해물 냉 전채

what
어린 갑오징어 4마리, 칵테일 새우 4마리, 관자 2개, 청·홍피망 1/4개씩, 양파 1/4개, 소금·후추 약간씩, 화이트 와인 1큰 술, 오렌지 반 개, 소스(오렌지1개, 꿀 1큰 술, 레몬 즙 3큰 술, 올리브유 1/3컵, 소금·후추 약간씩)

how
● 오렌지는 껍질을 벗기고 적당히 잘라 믹서에 넣고, 꿀, 올리브유와 함께 곱게 간다. ●● 볼에 오렌지 간 것을 넣어 소금·후추로 간한 후, 레몬 즙과 잘 섞는다. ●●● 냄비에 물을 끓여 어린 갑오징어, 칵테일 새우, 관자를 살짝 데친다. ●●●● 볼에 물을 조금 넣고 화이트 와인을 부은 후 데친 해산물을 절여 둔다. ●●●●● 피망과 양파는 깨끗이 씻어 잘게 다지고, 오렌지 반 개는 손질하여 뜯어 둔다. ●●●●●● 볼에 앞의 소스, 해물, 다진 채소와 오렌지를 넣어 잘 버무린다.

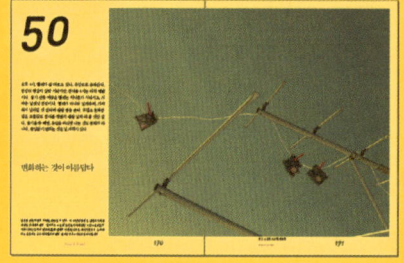

235

블루베리 셔벗

what
블루베리 1컵, 라즈베리 반 컵, 설탕 시럽 반 컵, 물 1컵
how
● 블루베리와 라즈베리는 깨끗이 씻어 둔다. ●● 블루베리 반 컵과 라즈베리 반 컵을 섞고, 설탕 시럽, 물을 넣어 믹서로 간다. ●●● 믹서로 간 것을 플라스틱 용기에 넣어 냉동실에서 얼린다. ●●●● 얼음을 다시 믹서에 넣고 잘게 부수어 남은 블루베리 반 컵 위에 얹는다.

토마토 소스 홍합 스파게티

what
스파게티 80g, 홍합 6개, 방울 토마토 6개, 토마토 페이스트 1컵, 해물 육수 반 컵, 소금·후추 약간씩, 생 바질 2잎, 양파 1/4개, 편 마늘 1큰 술, 올리브유 약간, 파르메산 치즈 1큰 술
how
● 끓는 물에 소금을 약간 넣고 스파게티를 삶아 낸다. ●● 양파는 깨끗이 씻어 잘게 다지고, 방울 토마토는 깨끗이 씻어 껍질을 벗긴다. ●●● 냄비에 물을 끓여 홍합을 살짝 삶아 건더기는 건지고 육수 반 컵 정도를 남겨 둔다. ●●●● 팬에 올리브유를 두르고 다진 양파와 편 마늘을 달달 볶는다. ●●●●● 토마토 페이스트와 방울 토마토도 넣어 한 번 더 볶은 후 생 바질을 뜯어 넣고, 홍합 삶은 물과 홍합을 넣어 팔팔 끓인다. ●●●●●● 삶은 스파게티와 파르메산 치즈를 넣고, 중간 불에서 졸인 후 소금·후추로 간한다.

라면 김치 뽀글이

what
라면 1개, 김치 약간, 물 1컵 반
how
● 라면 봉지의 윗부분만 뜯고 라면을 꺼내어 반으로 가른다. 수프는 뜯어 안에 털어 넣는다. ●● 냄비에 물을 붓고 팔팔 끓여 라면 봉지에 붓고 김치도 함께 넣어 꼭 봉한다. ●●● 3분이 지나면 살짝 열어 젓가락으로 면을 잘 풀어준 후 다시 봉하여 2분 정도 더 불린다.

이탈리아식 해물 샐러드

what
대하 3마리, 조개 8마리, 어린 갑오징어 4마리, 주꾸미 4마리, 올리브유 4큰 술, 발사믹 식초 반 작은 술, 소금·통후추 약간씩, 타임 2줄기
how
● 냄비에 물을 끓여 대하, 조개, 어린 갑오징어, 주꾸미를 살짝 삶는다. ●● 볼에 타임, 올리브유, 발사믹 식초, 소금·통후추로 간하여 소스를 만든다. ●●● 해물에 소스를 뿌리고 고루 버무려 준다.

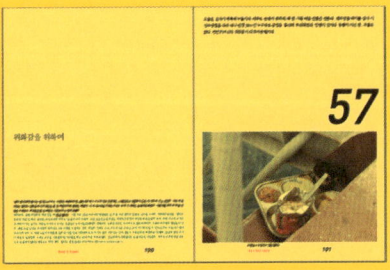

바나나 초콜릿 스무디

what
바나나 6개, 초콜릿 1판, 라임 주스 1큰 술, 꿀 4큰 술, 생 크림 4큰 술, 얼음 1컵, 비스킷 4개
how
● 바나나는 꼭지 부분부터 한 입 크기로 자르고, 나머지는 껍질을 벗긴다. ●● 초콜릿과 비스킷은 적당한 크기로 부수어 둔다. ●●● 믹서에 껍질 벗긴 바나나, 라임 주스, 생 크림, 꿀을 넣고 곱게 간 후 얼음을 넣어 한 번 더 갈아 스무디를 만든다. ●●●● 컵에 스무디를 넣고, 부수어 둔 비스킷과 초콜릿을 올린 후 남은 바나나 꼭지로 장식한다.

연 살에 꽂은 세 가지 색 아이스 바

what
포도 주스 반 컵, 복숭아 주스 반 컵, 자몽 주스 반 컵, 설탕 시럽 3큰 술, 라임 주스 1큰 술
how
● 포도 주스, 복숭아 주스, 자몽 주스에 각각 설탕 시럽, 라임 주스를 넣고 잘 섞어 둔다. ●● 아이스 바 틀에 앞의 포도 주스, 복숭아 주스, 자몽 주스를 넣은 후 냉동실에 30분 정도 얼린다. ●●● 아이스 바 틀을 꺼내어, 살짝 언 삼색 아이스 가운데에 막대를 꽂은 후 다시 냉동실에 얼린다.

가지 사우어 크림 카나페

what
가지 반 개, 방울 토마토 6개, 사우어 크림 4큰 술, 타임 2줄기, 버터 1큰 술, 파프리카 가루 약간, 소금·후추 약간씩, 올리브유 약간, 굵은 소금 약간
how
● 가지는 깨끗이 씻어 세로로 길게 썬 뒤 굵은 소금을 뿌려 물기를 뺀다. 방울 토마토도 씻어 물기를 빼둔다. ●● 키친 타월로 나머지 물기까지 완전히 뺀 가지를 버터 두른 팬에서 소금·후추로 간하며 노릇하게 굽는다. ●●● 방울 토마토는 팬에 올리브유를 두르고 소금·후추로 간하며 굽는다. ●●●● 구운 가지에 사우어 크림을 바르고, 구운 방울 토마토를 올린 후 타임과 파프리카로 장식한다.

spring

메추리알을 올린 꽁치 조림 초밥

what
꽁치 반 마리, 조린 메추리알 2개, 양념장(청·홍고추 반 개씩, 다진 마늘 1큰 술, 설탕 반 큰술, 조림 간장 4큰 술), 청주 1큰 술, 밥 1공기, 초대리(식초·설탕·소금 약간씩), 검은깨 약간, 소스 (마요네즈 4큰 술, 다진 청·홍 파프리카 1큰 술씩, 다진 양파 1큰 술, 설탕 약간)

how
● 꽁치는 세로로 반을 가른 후 가시를 제거하고 깨끗이 씻어 손질한다. ●● 고추는 둥글게 자르고, 조린 메추리알은 사등분한다. ●●● 볼에 고추, 다진 마늘, 설탕, 조림 간장, 청주, 설탕을 넣고 잘 섞어 양념장을 만든다. ●●●● 초대리는 식초:설탕:소금을 2: 2:1의 비율로 섞고 약한 불에 잘 저어 가며 녹인다. ●●●●● 볼에 밥을 넣고 초대리와 검은깨를 넣어 양념한 후 한 입 크기로 뭉친다. ●●●●●● 볼에 분량의 소스 재료를 섞어 둔다. ●●●●●●● 팬에 손질한 꽁치와 양념장을 부어 약한 불에서 은근히 조린 후 한 입 크기로 자른다. ●●●●●●●● 한 잎 크기로 모양을 낸 밥 위에 소스를 바른 후, 조린 꽁치를 올리고, 조린 메추리알로 장식한다.

사과 꿀 절인 구이

what
사과 1개, 설탕 시럽 2컵, 계피 가루 약간, 체리 가루 1작은 술

how
● 볼에 설탕 시럽과 체리 가루를 넣어 잘 섞어 준다. ●● 껍질을 벗긴 사과를 볼에 넣고, 시럽과 색이 잘 배도록 볼을 움직여 준다. ●●● 180도로 예열한 오븐 팬에 포일을 깔고, 절인 사과를 올려 30분간 굽는다.

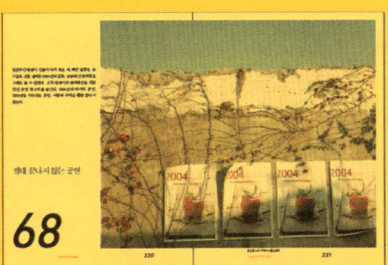

기획, 진행 용龍 yong 국내 최초 남성 푸드 스타일리스트 겸 파티 플래너. 스타일링 팀이자 이지 럭셔리 Easy Luxury 카페 '2색 공간'의 대표다. 서울산업대학교 도예학과와 경기대학교 관광대학원 식공간연출학과를 졸업했다. 국내 푸드앤셰프 foodieNchef 식공간 연출 과정, CFCI 푸드 코디네이터 과정 및 프랑스 현지의 르 코르동 블뢰 Le Cordon Bleu 요리 학교와 이탈리아 현지의 ICIF요리 학교를 수료했다. 광고, 방송, 인쇄 매체를 넘나들며 푸드 스타일리스트로서 활발한 활동을 벌이고 있으며, 파티 플래너로서도 두각을 나타내고 있다. 일본 도쿄에서 열린 〈2005 도쿄 돔 테이블웨어 페스티벌 콘테스트 2005 TOKYO DOME Tableware Festival Contest〉 등에서 수상한 바 있다. 현재 신흥대학 푸드 코디네이트과 강사로 후진 양성에도 힘쓰고 있다. 2005년 8월부터 글로벌 마켓을 겨냥한 새 이름, '용龍'으로 더욱 활발한 활동을 다짐했다. 미니 홈페이지를 통해 그의 세팅된(?) 일상을 확인해 볼 수 있다. www.cyworld.co.kr/2colorspace

사진 조인기 inki jo 프리랜스 포토그래퍼. 스타일리스트 용과 함께 약 1년에 걸쳐 이 책에 실린 전체 이미지를 촬영했다. 현재 잡지와 광고계에서 왕성한 활동을 하고 있다. 거침없는 태도와 초장르적인 아이디어 덕분에 암암리에 '재간둥이'라는 별명으로 불린다.

글 이선재 sunjae lee 프리랜스 라이터이자 편집 기획자, 카피라이터. 위클리 레저 매거진 〈프라이데이 Friday〉 기자로 활동했다. 매체 기획팀 'I Feature You; 나는 너에 대해 쓴다'의 대표다.

디자인 김용한 yonghan kim 프리랜스 그래픽 디자이너. 월간 〈도베 DOVE〉 아트 디렉터로 활동했다. 최근 프로젝트 그래픽 디자인 그룹 'The Han'을 결성, 이미지와 콘텐츠를 제3의 매체와 결합시키는 크리에이티브 디렉터로서 활동하고 있다.

푸드 스타일리스트 龍의 트래블그라피 ⓒ 2005, 용+수류산방.중심
초판 1쇄 발행일 2005년 8월 20일

수류산방.중심 forest.camp^mind media | 2004년 11월 05일 등록 (제300-2004-173호) | 서울시 종로구 청운동 108-5 여운헌 101호
전화 02-735-1085 | 팩스 02-735-1083 | www.forestcamp.co.kr

크리에이티브 디렉터 creative director 박재성 **jaesung park (re sohn)** | 편집장 & 발행인 editor in chief & publisher 심세중 **sejoong shim**
편집 editor 박성연 **sungyun park**, 홍지영 **jiyoung hong**
출력 processing 삼화칼라 02-2273-7058 | 종이 paper 두성종이 02-583-0001 | 인쇄 printing 두산인쇄 02-2167-0776

값 18,500원
ISBN 89-91555-02-0 (세트) | 89-91555-03-9 04600